욕망, 기도, 비움

새라 코클리의 생애와 신학

KB204228

욕망, 기도, 비움
: 새라 코클리의 생애와 신학

2021년 10월 13일 초판 1쇄 발행

지은이 고형상
편집·발행 김지호

도서출판 100
전   화 070-4078-6078
팩   스 050-4373-1873
소재지 경기도 고양시 덕양구 행신동
이메일 100@100book.co.kr
홈페이지 www.100book.co.kr
등록번호 제2016-000140호

ISBN 979-11-89092-25-2 03230

※ 이 책은 『욕망, 기도, 비움: 사라 코클리의 생애와 신학』(마다바름, 2019)의 확대·개정판입니다.

차례

〈에라스무스 총서〉를 발간하며

2021년 지금 우리는 인문학 위기를 넘어, 인문학 종언을 향해 가는 시대를 살고 있다. 연구자들은 설 자리를 잃고, 시간과 수고를 들여야 하는 인문학적 수련보다는 일회성 흥미를 유발하는 콘텐츠가 더 각광받고 있다. 특별히 깊은 사유의 기반이 되는 독서의 영역이 좁아지고 있는 현상은 현재 표면적으로 일고 있는 인문학 열풍과는 달리, 실제로는 위기에 처한 인문학의 현주소를 보여 주는 사례라고 할 수 있다. 이러한 위기는 신학에도 비슷하게 도래하고 있다. 시대의 위기를 극복하기 위해 지혜를 키워 가야 할 신학마저도 절대자를 위시한 고유한 진리에의 열망, 인문학자들마저 매료시킬 역사적 원천에 대한 탐구, 인간과 신의 화해를 향한 자유로운 사유의 실험보다는 실용적인 교회성장이나 교파주의를 강화하기 위한 방편으로 활용되는 경우가 많다.

　이러한 위기 가운데, 인문학&신학연구소 에라스무스와 도서출판 100은 신학과 대화하는 인문학, 인문학과 대화하는 신학, 더 나아가서는 양자가 서로를 비판하고 전유하는 사유의 모험을 보여 주는 일련의 실험들을 〈에라스무스 총서〉라는 이름 아래 선보이고자 한다. 르네상스 인문주의를 대표하고, 종교개혁에도 지대한 영향을 미친 데시데리우스 에라스무스는 탄탄한 인문학적 사유를 기반으로 삼아 성서와 전통에 대한 풍요로운 이해를 보여 주었고, 교회를 존중하면서도 교회에 대한 신랄한 비판을 서슴없이 할 줄 알았던 세계인이었다. 그에게 철학을 비롯한 인문학은 일부 중세인들이 간주했던 것처럼 신학의 시녀가 아니었고, 일부 종교개혁의 후예들이 폄훼한 것처럼 신학의 장애물도 아니었다. 오히려 그는 탄탄한 인문학적 훈련과 사유를 겸비한 사람이었고, 그 속에서 성서 이해와 신학이 풍요롭게 발전할 수 있음을 알았으며, 이러한 인문주의적 신학을 그의 생애 동안 몸소 보여 주었다.

〈에라스무스 총서〉가 지향하는 바도 큰 틀에서 탁월한 인문주의자 에라스무스가 시도했던 모험을 따른다. 우리는 성서와 전통에 대한 협소한 교파주의적 이해나 일부 인문학자들이 보여 주는 신학 자체에 대한 무시 내지 몰이해를 넘어, 양자 간 자유로운 대화와 비판적 전유를 보여 주는 탁월한 연구자들의 성과를 총서 기획 속에 편입시켜 세상에 선보이고자 한다. 여기에는 저명한 외국 학자들의 작품은 물론이고 참신한 생각을 가진 국내 학자들의 성과가 함께 들어갈 것이며, 인문학적 사유가 탄탄하게 배어 있는 전문 학술서부터 독자들이 다소간 접근하기 쉬운 대중적인 학술서에 이르는 다양한 형태의 연구 성과들이 포함될 것이다. 이러한 시도는 인문학과 신학의 위기 속에서도 학문적 상상력과 인내 어린 성찰을 지속하려는 사람들의 작은 소망을 지켜 나가는 운동이 될 것이다. 인문학&신학연구소 에라스무스와 도서출판 100의 우정의 연대를 통해 시작한 이러한 기획이 꾸준하게 결실을 맺음으로써, 한국 사회와 교회 안에 새로운 이론적 성찰의 가능성을 제안하기를 간절히 염원한다.

인문학&신학연구소 에라스무스

도서출판 100

프롤로그

2018년 영국 케임브리지 대학교 노리스-헐스(Norris-Hulse) 교수직에서 은퇴한 새라 코클리(Sarah Coakley)는 세계 신학의 흐름을 선도하는 신학자 중 한 명이다. 지난 2010년 호주 시드니에서 코클리에 관한 국제학술대회가 열렸고, 여기서 논의된 내용들이 『새라 코클리와 조직신학의 미래』(*Sarah Coakley and the Future of Systematic Theology*)라는 책으로 출간되었다. 또한 2016년에는 미국의 대표적인 그리스도교 저널인 「크리스천 센추리」(*The Christian Century*)에 "세계가 새라 코클리를 필요로 하는 이유"(Why the World Needs Sarah Coakley)라는 제목의 기사가 실리기도 했다. 이러한 사실들은 세계 신학의 지형 안에서 코클리가 차지하는 위상을 단박에 보여 준다.

코클리는 보편적, 절대적 진리가 해체되는 포스트모더니즘과 탈종교화의 시대에 신학 이론을 종합하고 체계화하려고 시도한다. 그래서 그녀는 다소 시대착오적인 표현처럼 여겨지는 조직신학이란 용어를 계속해서 사용하며, 그것의 가능성에 대해서 여전히 말한다. 다른 학문들과 달리 신학이 전체를 조망하고 하나의 체계로 정립될 수 있는 것은 바로 '기도' 때문이다. 코클리 신학의 핵심에는 기도가 있다. 기도는 근원적 욕망을 채울 수 없는 인간의 한계 상황에서 추동되지만, 인간의 의지적 차원을 넘어선다. 로마서 8장 26절의 증언처럼, 우리는 어떻게 기도해야 할지 모르지만, 성령께서는 말할 수 없는 탄식으로 우리를 위해 간구하신다. 성령을 따르는 기도는 인간의 근원적 욕망을 하나님께 이르고자 하는 구원의 열망으로 재정향시키며, 나아가 삼위일체 하나님과 결합하게 한다. 이런 점에서 보면, 하나님은 인간의 사변적 지성을 통해서가 아니라, 기도의 영성을 통해서 보다 근원적으로 파악되고 설명된다. 코클리는 기도라는 구체적인 영적 실천을 통해 부분화되고 파편화된 신학의 관점들을 종합하며, 나아가 모든 진리와 거대담론이 해체되는 오늘의 시대에 그리스도교 신학의 자리를 다시금 마련한다.

요컨대 코클리는 기도를 신학의 핵심에 정초시키는 독특한 방법으로, 신학의 종언(終焉)을 고하는 시대에 신학의 귀환(歸還)을 도모한다. 바로 여기에 코클리를 읽어야 하는 이유가 있다.

이 책이 세상의 빛을 보기까지 많은 분이 도움을 주셨다. 코클리의 신학을 연구할 수 있도록 신학적 사유의 길을 터 주신 연세대학교의 전현식 교수님과 이 책이 출간될 수 있도록 아낌없는 격려와 지원을 해 주신 뉴브런스윅 신학대학원(New Brunswick Theological Seminary)의 김진홍 교수님께 진심으로 감사드린다. 아울러 이 책에 새 숨을 불어넣어 주시고, 졸고를 정성껏 다듬어 주신 에라스무스 연구원님들께도 심심한 감사를 표한다.

I. 코클리의 생애[1]

새라 앤 퍼버(Sarah Anne Furber, 퍼버는 새라 코클리[Coakley]의 본성[本姓])
는 1951년 영국 런던 블랙히스(Blackheath)의 법률가 집안에서 태어
났다. 그녀는 이미 12살 때부터 부모님의 책장에 꽂힌 수많은 책을
읽으며 신학자의 꿈을 키웠다. 그녀의 사춘기는 종교적 감수성으로
가득 차 있었다. 그녀 평생의 주된 관심사가 이 시기에 형성되었다

1   코클리의 생애에 대해서는 다음의 자료를 참고하였다. Sarah Coakley and Ru-
     pert Shortt, "Sarah Coakley: Fresh Paths in Systematic Theology," in *God's
     Advocates: Christian Thinker in Conversation* (Grand Rapids, 2005), 67-85;
     Mark Oppenheimer, "Prayerful Vulnerability: Sarah Coakley Reconstructs
     Feminism," *The Christian Century* 120/13 (2003): 25-31; Linn Marie Ton-
     stad, "Sarah Coakley," in *Key Theological Thinkers: From Modern to Postmod-
     ern*, eds. Staale Johannes Kristiansen & Svein, (Burlington: Ashgate, 2013),
     547-557; 새라 코클리·이승구, 「트뢸치주의의 여성신학자 세라 코크리(Sarah
     Coakley)와의 대화」, 『현대 영국 신학자들과의 대담』, 이승구 편집(서울: 엠마오,
     1992), 506-529; 새라 코클리·김진혁, 「세계 신학자와의 대담(3): 기도에서 발
     견한 기독교 신학의 미래」, 『기독교사상』 649 (2013), 164-183.

고 해도 과언이 아니다. 그녀는 신적 존재에 대한 지적 호기심과 함께, 영적 영감을 추구했다. 신학의 비판적, 합리적 측면뿐만 아니라, 신비적 측면에도 큰 매력을 느꼈던 것이다. 이는 그녀가 철학자가 아닌 신학자의 꿈을 갖게 된 이유이기도 하다. 특히 그녀가 처음 읽었던 신학 서적은 성공회의 영적 지도자였던 이블린 언더힐(Evelyn Underhill)의 글이었다. 언더힐의 편지들 속에서 기도와 묵상이 주는 영적 깊이를 엿볼 수 있었고 이에 깊이 매료되었다.

그녀는 블랙히스 고등학교(the Blackheath School)에 진학했는데, 이 학교는 가부장적이었던 1860년대에 여성 리더를 배출하기 위해 설립된 진보적 학풍의 학교였다. 이러한 진보적 건학 이념과 교육 목표 때문에, 이 학교의 학생들은 비교적 종교의 권위에서 자유로웠고, 정부가 요구하는 최소한의 종교 교육만 받았다. 코클리는 오히려 이러한 세속적이고 자유로운 학교 분위기 속에서 더 많은 신앙적, 영적 갈증을 느꼈고, 궁극적 존재와 신학에 대해 더 큰 호기심과 궁금증을 갖게 되었다. 그녀의 블랙히스에서의 학창시절은 페미니즘 의식을 고취하고 발전시키는 데에는 도움이 되었지만, 종교에 대한 관심과 신비적 열망을 채울 수 없었기에, 그다지 행복하지 않았다. 하지만 하나님을 향한 강한 끌림이 있었기에 교회에서는 학교보다 큰 만족과 기쁨을 느낄 수 있었다. 그녀에게 큰 흥미를 주지 못했던 학교 교육이었지만, 학교에서 했던 고전학 공부는 유익했다. 고전학 공부를 통해 라틴어와 그리스어를 익힐 수 있었고, 이는 훗날 신학을 공부하는 데 중요한 밑거름이 되었다. 한창 고

전어 공부에 몰두해 있을 때, 그녀는 프랑스 신비주의자이자 사회 철학자인 시몬느 베유(Simone Weil)의 글을 접하게 되었다. 베유의 글은 그녀의 학창 시절에 커다란 영향을 주었다. 특히 베유의 '주시'(attention)에 관한 글들에서 중요한 영감을 많이 얻었는데, 이는 실제로 라틴어와 그리스어를 공부에 큰 도움이 되었다.

고교 시절에 코클리에게 중요한 영향을 준 또 다른 사람은 존 A. T. 로빈슨(John A. T. Robinson)이었다. 그는 그녀가 살았던 남런던 울리치(Woolwich)의 주교이자 케임브리지 대학교의 교수였다. 그의 딸과는 같은 학교 친구이기도 했다. 코클리는 그의 책『신에게 솔직히』(Honest to God)를 읽으면서 신학의 새로운 지평을 경험했다. 그녀가 이 책에 매료되었던 이유는 성서에 대한 저자의 급진적 역사비평 때문이었다. 로빈슨의 신학 방법에 대한 그녀의 관심은 폴 틸리히(Paul Tillich), 칼 바르트(Karl Barth), 디트리히 본회퍼(Dietrich Bonhoeffer), 그리고 실존주의 철학자들에 대한 관심으로 확장되었다. 고교시절 코클리는 로빈슨과 신학적 대화를 나눌 기회가 있었다. 당시 케임브리지 대학교 가르치고 있었던 로빈슨은 그녀의 신학적 재능과 열정을 알아보았고, 그녀에게 케임브리지 대학에서 신학을 공부해 보라고 권유했다. 로빈슨과의 관계는 그녀가 케임브리지 대학교로 진학하게 되는 결정적 계기가 되었다.

블랙히스 고등학교를 졸업한 후, 1970년대 초반 코클리는 본격적인 신학 수업을 위해 케임브리지 대학교에 입학했다. 그곳에서 로빈슨은 튜터로서 그녀를 지도했다. 사실 케임브리지 대학 내에서 대중적 작자로 알려져 있던 로빈슨은 학자로서의 위상이 그다지 높지 않았다. 하지만 코클리는 대학 시절 내내 그에게 많은 영향을 받았다. 특히 성서를 현대적 상황과 연결하는 그의 교수법에서 많은 신학적 통찰을 얻었다. 그와의 일대일 수업은 대부분 흥미로웠지만, 다소간의 불편함도 있었다. 인문주의에 기초한 로빈슨의 신학 방법론은 인간 이성과 합리성에 기대어 종교적 신비와 영성을 쉽게 재단했기 때문이다. 그의 수업에서 코클리는 청소년 시절 언더힐을 읽으며 느꼈던 종교적 신비와 신적 경외감을 느낄 수 없었다. 게다가 로빈슨과의 일대일 수업을 제외하면 케임브리지 대학교의 신학 교육 커리큘럼은 대부분 만족스럽지 못했다. 특히, 성서 연구 중심의 교육 방식은 조직신학과 종교철학에 관심이 많았던 코클리에게 큰 흥미를 주지 못했다. 그럼에도 성서 연구 중심의 교육 덕분에 성서 해석을 위한 기초 지식과 성서 언어를 충분히 공부할 수 있었고, 이는 이후 자신만의 독특한 신학을 구성하는 데 깊이와 넓이를 더해 주었다.

케임브리지의 학풍이 성서신학에 치우쳐 있었지만, 코클리는 계속해서 조직신학적, 종교철학적 관심을 확장시켰다. 케임브리지에서 종교철학을 가르치던 돈 큐피트(Don Cupitt), 브라이언 허블스웨이트(Brian Hebblethwaite), 특히 도널드 맥키넌(Donald MacKinnon)과의 교류를 통해 종교의 근본 의미를 성찰할 수 있었고, 다종교 상황에서 그리스도교가 갖는 사회적 위치를 이해할 수 있었다. 하지만 동시에 매우 다른 분위기의 신학적 교류도 있었다. 신학적 경건을 추구했던 2년 선배 로완 윌리엄스(Rowan Williams)와 1년 선배 데이비드 포드(David Ford)와의 만남은 매우 다른 의미에서 그녀에게 영향을 주었다. 이들을 통해 당시 예일학파(Yale School)를 중심으로 발달했던 칼 바르트의 신학 방법론에 기초한 내러티브 신학(narrative theology)과 후기자유주의 신학(postliberal theology)에 관심을 갖게 되었고, 여기서 새로운 신학의 가능성을 엿보게 되었다.

대학에서 공부를 마칠 즈음, 코클리는 스티븐 사이크스(Stephen Sykes)에게 조직신학과 신학 방법론을 배울 기회가 있었다. 이때 사이크스는 그녀에게 에른스트 트뢸치(Ernst Troeltsch)의 신학을 소개해 주었다. 훗날 트뢸치의 그리스도론은 그녀의 박사학위 논문 주제가 되었다. 무엇보다 이 시기에 그녀는 지금의 남편인 시리아어 연구가 제임스 F. 코클리(James F. Coakley)를 만나게 된다. 현재 둘 사이에는 두 딸, 이디스(Edith)와 애그네스 에텔드레다(Agnes Etheldreda)가 있다.

코클리는 케임브리지 대학교를 졸업한 후, 1973년 미국으로 건너가 하버드 대학교 신학대학원 신학석사(Th.M) 과정에 입학해서 약 2년간 공부했다. 미국 케임브리지에서 새로운 신학 여정을 시작한 것이다. 그녀의 중요한 신학적 주제들은 대부분 이 시기에 형성되었다. 이 당시 그녀에게 가장 큰 영향을 주었던 신학자는 고든 카우프만(Gordon Kaufmann)이었다. 그녀는 그에게서 신학에서의 역사와 언어, 컨텍스트의 중요성, 그리고 신학의 구성적 성격에 대해 배운다. 그녀는 신학 이론뿐만 아니라 실천에도 관심을 가졌다. 그녀는 하버드 대학교 에큐메니칼 콰이어에 가입하여 주중 예배에서 찬양을 했고, 매일 있는 성찬식에도 빠짐없이 참석했다. 이러한 예전과 경건훈련을 통해서 영국 성공회 전통을 바라보는 새로운 시각을 갖게 되었을 뿐만 아니라 기도와 영성의 중요성도 깨닫게 되었다. 이러한 영적인 관심과 실천을 통해 그녀는 사회 이론과 구별되는 그리스도교적 젠더 감수성과 페미니즘에 눈뜨기 시작했다. 하나님을 향한 욕망과 성적 욕망 사이의 미묘한 얽힘의 관계를 경험함으로써 몸(body)과 젠더(gender), 성(sexuality)과 욕망(desire)을 새롭게 이해하게 되었고, 이는 그녀가 중요하게 다루는 신학적 주제가 되었다.

이렇게 지속적으로 경건훈련을 하면서 그녀는 목회자로서의 소명을 자각하게 되었고, 1998년 영국 성공회의 사제가 되기 위한 과정을 시작한다. 그녀가 영국 성공회에서 사제 서품을 받고자 했던 이유는, 물론 성공회가 그녀의 오랜 교단적 배경이기도 했지만, 강한 개혁 교회적 감수성과 예전을 중시하는 가톨릭적 감수성을 모두 갖고 있기 때문이었다. 또한 성공회가 갖고 있는 독특한 사제-학자 전통도 이러한 선택의 중요한 이유 중 하나였다. 그녀는 신학을 통전적으로 이해하기 위해서는 비판적/합리적 접근과 신비적 접근이 모두 필요하다고 생각했다. 학자와 성직자라는 근대 이후 구분된 정체성을 통전적으로 종합하고자 했던 그녀에게 영국 성공회의 전통과 정신은 충분히 매력적이었다. 2001년 코클리는 사제 서품을 받았다. 그녀는 진지하고 반복적인 경건 훈련 속에서, 평생의 신학적 주제를 발견했을 뿐만 아니라 목회자로서의 소명도 확인했다.

그녀는 하버드를 졸업한 후, 박사학위를 위해 영국 케임브리지로 돌아왔다. 코클리는 종교의 역사적 사실성과 종교에 대한 교의학적/계시적 접근이 아닌 경험적/역사적 접근의 중요성을 강조했던 모리스 와일스(Maurice Wiles)로부터 큰 영감을 받았고, 그의 지도 아래서 트뢸치의 그리스도론을 연구하여 박사학위 논문을 썼다. 이 논문을 쓰면서 그녀는 역사비평 방법을 이용하여 기도와 예배에 기초한 신비주의가 초대 그리스도교를 이루는 주요한 전통이었다는 사실을 확인할 수 있었다. 그녀의 박사학위 논문은 그녀의 첫 번째 저서인 『절대성 없는 그리스도: 에른스트 트뢸치의 그리스도론 연구』(*Christ without Absolutes: A Study of the Christology of Ernst Troeltsch*)의 토대가 되었다.

그녀가 처음 교편을 잡은 것은 1976년 랭커스터 대학교 종교분과에서였다. 랭커스트 대학교는 영국에서 종교연구 분과를 가장 먼저 개설한 학교이기도 하다. 당시에 이미 이슬람교와 불교에 대한 연구도 이루어지고 있었다. 비교적 자유로운 학풍을 가진 학교였지만, 학문적 방법론은 다소 제한적이었다. 이성과 합리적 비판을 중시하는 종교학적 특성 때문에, 정작 그녀가 관심을 갖고 있던 종교의 신비적, 고백적 측면에 대해서는 가르칠 수가 없었다.

그녀는 여기서도 중요한 만남을 이어 갔다. 특별히 존 밀뱅크(John Milbank)와의 교류는 인상적이다. 그의 급진 정통주의(radical orthodoxy) 신학 사상을 통해 그녀는 포스트모던 시대에 신학의 자리가 어디인지 가늠해 볼 수 있었다. 그녀는 1991년까지 랭커스터에 머물렀다. 이 기간 동안 영국 성공회의 교리위원(Doctrine Commission)으로 활동하면서 특별한 성령체험과 기도체험을 하기도 했다. 이러한 영적 체험은 새로운 신학의 구성을 위한 중요한 원천과 자료가 되었다.

1991년부터 1993년까지 옥스퍼드 대학교의 오리엘 칼리지(Oriel College)에서 가르쳤는데, 여기서는 강의가 너무 자유주의적이라는 평가를 받았다. 특히 학교는 페미니스트 신학 강의를 못마땅하게 여겼다. 그러다 마침, 하버드 대학교에서 가르칠 기회가 생겼고, 1993년 영국을 떠나 다시 미국으로 건너갔다. 1995년 코클리는 하버드 대학교 신학대학원 말린크로트 교수(Mallincrodt Professor)로 임용되었다. 그녀는 하버드에서 성례전과 관상기도에 대한 관심을 이론적으로 더욱 정교하게 발전시켰다. 특별히 관상기도를 통한 자아와 타자, 그리고 하나님을 향한 관계의 변형을 가능하게 하는 그리스도교적 훈련을 자신의 신학 이론에 정초시켰다. 이 시기에 그녀는 학제 간 연구에도 관심을 가졌는데, 특히 2005년에 템플턴 재단(Templeton Foundation)의 지원을 받아, 하버드 대학교 수리생물학과 교수인 마틴 노왁(Martin Nowak)과 함께 "진화와 협력의 신학"(Evolution and Theology of Cooperation)이라는 제목의 공동 연구를 진행하기도 했다.

'종교'와 '고백적 실천'의 관계 연구는 그녀가 하버드에서 진행했던 중요한 프로젝트 중 하나였다. 코클리는 현재 고백적 접근을 통해 종교를 연구하는 가장 주도적인 신학자다. 그녀의 이러한 특별한 신학적 관심과 연구 방법은 하버드 신학대학원 내에서 다른 학자들과 갈등이 일어난 원인이기도 했다. 진보적 입장에 서 있는 대다수 학자에게 코클리는 하버드의 학풍과 어울리지 않는 전통주의자 혹은 보수주의자로 비춰졌다. 이는 그녀가 영국 케임브리지로 돌아가는 계기가 되었다. 2007년 코클리는 케임브리지 대학교 신학 분과의 주요 석좌교수직 중 하나인 노리스-헐스 교수(Norris-Hulse Professor)에 임용되었다. 여성이 노리스-헐스 교수가 된 것은 1777년 이 교수직이 생긴 이래 처음 있는 일이었다. 2012년 봄, 세계적으로 가장 권위 있는 신학 강좌인 기포드 강좌(Gifford Lectures)에서, 그녀는 마틴 노왁과의 공동연구 결과를 바탕으로 "되찾은 희생: 진화, 협동, 하나님"(Sacrifice Regained: Evolution, Cooperation and God)이라는 주제로 강연하기도 했다.

코클리는 2018년 케임브리지 대학교 노리스-헐스 교수직에서 은퇴하였고, 현재는 호주 가톨릭 대학교(Australian Catholic University)의 방문교수로, 영국 세인트앤드루스 대학교(University of St Andrews)의 명예교수로 학생들을 가르치고 있다. 은퇴 이후 그녀는 다양한 강연 및 저술 활동을 하고 있다. 특히 자신의 신학을 총망라하는 네 권의 조직신학 책을 출간할 예정인데, 그중 첫 번째 권은 지난 2013년 『하나님, 성, 자아: '삼위일체에 관한' 에세이』(God, Sexuality and the Self: An Essay 'On the Trinity')라는 제목으로 출간되었고, 나머지 세 권은 현재 집필 중이다.

II. 코클리의 신학

코클리의 신학은 매우 독특하다. 그녀는 포스트모더니즘과 탈종교화를 겪고 있는 서구 사회 현실에서 조직신학의 복권을 시도한다. 보편적, 절대적 가치가 해체되고 있는 시대에, 신학만은 다른 학문과 달리 전체를 조망하고 부분적 관점들을 종합할 수 있어야 한다는 것이다. 이러한 의미에서 그녀는 자신의 신학 방법을 "종합신학"(*théologie totale*)이라고 부른다. 이는 거대담론/보편담론이 해체되는 포스트모던의 시대에 여전히 조직신학을 가능하게 하는 근거다. 코클리에 따르면 새로운 조직신학은 "사회의 모든 계층에서 나온 통찰들을 망라해 내는 시도이며, 또한 교리와 실천에 대한 지적, 정서적, 창의적 접근들을 통합하는 시도"이다.[1] 하지만 종합신학으로서의 조직신학은 이전의 조직신학처럼 고정되고 획일화된 체계와

---

[1] Sarah Coakley, *God, Sexuality and the Self: An Essay 'On the Trinity'* (Cambridge: Cambridge University Press, 2013), 352.

정합성을 추구하지 않는다. 그녀가 제안하는 조직신학은 언제나 과정 속에 있는 것이며, 시대적 상황과 맥락 속에서 자유롭게 재구성될 수 있는 열린 체계다. 그렇기에 신학은 단지 하나의 관점이나 분야로 제한되거나 축소될 수 없다. 그녀는 신학이 철학, 사회학, 인류학, 역사, 젠더 이론 등 다양한 분야의 학문과 지속적인 대화를 통해 이들을 종합하는 독특한 목소리를 낼 수 있어야 한다고 말한다.[2]

 '종합신학'이라는 새로운 방법론을 통해 코클리는 근대의 이성 중심주의가 만들어 낸 신학의 이원화 혹은 파편화를 극복하고자 한다. 즉 이론과 실천, 합리주의와 신비주의, 긍정신학(cataphatic theology)과 부정신학(apophatic theology) 사이에 놓인 신학의 이분법적 경계를 자유롭게 넘나들며 전체를 조망하는 종합적 체계를 구성하는 것이 그녀의 신학의 목표다. 그녀는 이러한 근대의 이분법적 사고를 극복하는 종합신학의 가능성을 삼위일체 하나님의 신비 속에서 찾는다. 이러한 맥락에서 그녀는 자신의 조직신학을 '삼위일체' 교리에서부터 시작한다. 그녀의 네 권의 〈조직신학〉 시리즈 중에서 첫 번째 책 『하나님, 성, 자아』의 부제가 "'삼위일체에 관한' 에세이"(An Essay 'On the Trinity')인 것은 결코 사소하지 않다. 코클리는 그리스도교의 핵심 교리인 삼위일체론을 새롭게 해석함으로써 자신만의 독특한 신학을 구성한다.

---

2   Coakley & Shortt, "Sarah Coakley," 75.

1

삼위일체론

삼위일체론의 역사적 배경

코클리는 삼위일체 교리가 어떻게 형성되었는지, 그리고 그것이 왜 필요했는지를 역사적으로 따져 묻는다. 특히 에른스트 트뢸치의 역사적 접근 방법에 따라 하나님을 '삼위'로 이해하게 된 배경을 추적한다. 그녀는 박사학위 논문을 트뢸치의 그리스도론에 관하여 쓴 만큼, 그의 역사적 접근 방법론을 중요하게 참고하였다. 트뢸치는 다른 종교와 마찬가지로 그리스도교도 역사적 맥락에서 탄생한 종교이기 때문에 초역사적 '계시'나 '교리'를 통해서가 아니라 '역사적으로 형성된 규범들'을 통해 그것의 본질과 절대성이 밝혀질 수 있다고 생각했다. 그리스도교의 진리 체계 역시 역사적 정황이나 맥락을 무시한 채 구성되어 있지 않다는 것이다. 그래서 그는 그리스도교가 표방하는 절대 진리를 역사적 구체성 위에서 이해하고자 하였다. 이러한 트뢸치의 방법론적 영향 속에서 코클리는 삼위일체론을 다룰 때, 규범화된 계시나 교리에서 출발하기보다는 구체적인 역사 속에서 축적된 삼위일체 하나님에 대한 인간의 경험에서 출발한다.

트뢸치는 그리스도교 역사에서 나타난 종교 조직의 유형을 세 가지, 즉 종파형(sect type), 교회형(church type), 신비주의(mysticism)로 구분한다. 우선 종파는 세상의 원리를 따라 살기를 거부하는 신앙인들의 모임이다. 따라서 자발적이고 금욕적이며 비제도적인 특징을 갖는다. 종파형은 세상으로부터 스스로를 분리시킴으로써 순수한 신앙을 보존하는 것을 중요한 원칙으로 여긴다. 이에 반해 교회는 체계화된 신앙의 구조와 조직을 갖춘 제도에 기반한다. 종파의 신앙인이 자발적으로 세상과 격리되는 적극적 신앙 태도를 갖는다면, 교회의 신앙인은 일반적으로 타율적인 교리와 제도의 권위 아래서 수동적 신앙 태도를 갖는다. 또한 세상을 악으로 규정하고 거부하기보다는 세상의 사회정치적 현실을 수용하기 때문에 종말론적 윤리보다는 현실적 윤리를 강조한다. 교회는 종파에 비해 쉽게 세속화될 수 있으며, 신앙의 순수성을 변질시킬 수 있다는 한계를 지닌다. 종교 조직의 마지막 유형인 신비주의는 직접적이고 내면적인 신앙 체험과 관련이 있다. 신비주의는 교회형보다는 종파형에 더 가깝지만, 두 유형과 나란히 병치되는 독립적 유형은 아니다. 그것은 교회-종파 유형이라는 이분법적 구도 외부에 존재하면서도 이 둘의 관계를 포괄하는 원리적 유형이라 할 수 있다.[1]

1   이에 대한 자세한 내용은 다음을 참고하라. Ernst Troeltsch, *The Social Teaching of the Christian Churches*, trans. Olive Wyon (Chicago: The University

코클리는 트뢸치의 교회-종파의 구분법에 따라, 두 가지 유형의 삼위일체 전통에 대해 논증한다. 이 두 전통은 그리스도교의 역사에서 각각 발생하였고, 각자의 방식대로 그 명맥을 이어 왔다. 종파형에 속하는 삼위일체 전통은 교리적 일치를 추구하거나 교회 제도와 정치에 순응하기보다는 심층적 내면의 영성과 기도 훈련에 기반한 개인적이고 신비적인 측면을 중요시해 왔다. 반면 교회형에 속하는 삼위일체 전통은 정확한 교리적 합의와 일치된 제도를 강조함으로써 교회 질서를 유지하는 데 관심을 가져 왔다. 코클리에 따르면 이러한 두 전통은 모두 삼위일체 하나님에 대한 교회의 체험을 온전하게 설명하지 못한다. 종파의 전통은 '열광주의'(enthusiasm)에 쉽게 빠짐으로써 교회 분열을 야기할 위험이 있는 반면, 교회의 전통은 존 웨슬리(John Wesley)가 비판했던 '형식주의'(formalism)에 얽매임으로써 성령의 역할을 축소할 위험이 있다. 코클리는 종파의 전통과 교회의 전통을 모두 포괄하면서도 극복하는 새로운 삼위일체론을 구성하고자 한다. 이를 위해서 로마서 8장에 나타난 초대 그리스도인들의 삼위일체 경험에 주목한다. 요컨대 코클리는 트뢸치의 신학 방법론에 기대어 그리스도교 역사에 나타난 삼위일체론의 양상들을 분석하며, 나아가 종파의 신비주의적 삼위일체론과 교회의 합리주의적 삼위일체론을 모두 지양하는 새로운 삼위일체론의 가능성을 탐구한다.

of Chicago Press, 1960), 730-753.

성령 중심적 삼위일체론

코클리는 초대 그리스도인들이 경험했던 삼위일체 하나님을 이해하기 위해서는 로마서 8장에 나타난 성령의 역할에 주목해야 한다고 말한다. 합리성에 기초한 근대의 삼위일체 교리는 삼위일체 하나님에 대한 직접적인 경험에서 비롯되었다기보다는 정치적 맥락이나 이론적 논쟁에서 비롯되었다. 가령, 19세기 개신교 신학자이자 철학자인 프리드리히 슐라이어마허(Friedrich Schleiermacher)는 삼위일체 교리가 "이 [삼위일체] 교리 자체는 교회론적으로 규정지어진 것으로서, 기독교적 자기의식에 관한 직접적인 언설이 아니라 여러 가지 그러한 언설들의 종합일 뿐이다"라고 말하였다.[2] 즉 삼위일체 교리는 경험에 대한 직접적인 기술이라기보다는 교회 정치적 합의에 따른 규정이라는 것이다. 코클리의 박사학위 지도교수였던 모리스 와일스도 같은 맥락에서 하나님의 삼중성을 경험적으로 구분하는 것은 불가능하다고 말한다. 와일스는 니케아 공의회 이전의 초대 그리스도교의 관심이 성부와 성자의 관계에 집중되어 있었다는 점에서 초기 그리스도교는 하나님을 '삼위일체적 형

---

2   Friedrich Schleiermacher, *The Christian Faith*, vol.2. trans. & ed., H. R. MacKintosh and J. S. Stewart (New York: Harper Torch Books, 1963), 728. 최유진, 「세라 코클리(Sarah Coakley)의 삼위일체론」, 『장신논단』 45 (2013), 131에서 재인용. 최유진 교수의 이 논문은 코클리의 삼위일체론을 우리말로 소개한 최초의 글이다. 이 책에서 코클리의 삼위일체론에 대해 기술할 때, 그녀의 독특한 신학 용어에 대한 우리말 번역을 비롯해 많은 부분에서 이 논문을 중요하게 참고했다.

식'(trinitarian forms)이 아닌 '이위일체적 형식'(binitarian form)으로 이해했을 것이라고 주장한다.[3] 따라서 하나님에 대한 지금의 삼위 일체적 해석은 경험에 기초한 것이라기보다는 초기 그리스도교의 이위일체론이 교리적으로 확장되는 과정에서 나타난 논리적 결과 일 따름이라는 것이다.

하지만 코클리는 이러한 와일스의 주장에 반대한다. 그녀는 "와 일스가 신약성서 시대의 이면을 탐구하지 않았다"[4]고 일갈하며, 초 기 그리스도교의 세례가 성부, 성자, 성령에 기초한 삼중적 형식으 로 행해진 이유에 대해 논할 필요가 있다고 주장한다. 비록 2-3세 기 교회에서는 로고스에 대한 지나친 관심으로 인해 성령론에 대 한 논의가 활발하지 않았지만, 그 이전 1세기 교회에서는 하나님에 대한 삼위일체적 이해가 경험적으로 분명하게 존재했다는 것이다. 코클리는 그 증거로 초대 교회의 삼중적 세례 형식을 제시한다. 당 시의 세례 형식은 교회가 성부, 성자와 구분되는 성령의 독립적인 위치와 역할을 구분했다는 것을 분명하게 보여 준다.

코클리는 이에 대한 또 다른 증거로 로마서 8장을 제시한다. 로 마서 8장에는 초대 교회가 경험했던 성령 중심적 삼위일체론의 원

---

3   Maurice Wiles, "Some Reflections on the Origins of the Doctrine of the Trinity," *The Journal of Theological Studies* 8/1 (1957), 100.

4   Sarah Coakley, "Why Three? Some Further Reflections on the Origins of the Doctrine of the Trinity," in *The Making and Making of Christian Doctrine: Essays in Honour of Maurice Wiles*, eds. Sarah Coakley and David A. Pailin (New York: Oxford University Press, 1993), 40.

형이 잘 나타나 있다. 그녀에 따르면, 삼위일체 안에서 성령의 역할
은 "(창조 세계를 성자의 모습과 일치되게 함으로써) 창조된 영역을 하나
님의 삶으로 이끄는 것"이다.[5] 그렇기에 성령은 하나님에게 이르고
자 하는 인간의 근원적 욕망이 성취되도록 하는 '후원자'(enabler)이
자 '결합자'(incorporater)인 것이다.[6] 우리는 기도를 통해서 "성령이
우리의 약함을 도우신다"는 것을, 그리고 "우리가 어떻게 기도해
야 할지도 알지 못하지만, 성령께서 친히 이루 다 말할 수 없는 탄
식으로, 우리를 대신하여 간구하여 주신다"는 것을 깨닫게 된다(롬
8:26). 코클리는 "성령 안에서의 깊은 기도"가 하나님 앞에서 우리
자신의 모든 헛된 욕망을 비우도록 하며, 나아가 하나님의 전능한
힘 안에 결속되도록 한다고 주장한다. 성령의 도우심으로 인간은
하나님과 신비적 연합에 이르게 된다는 것이다. 이러한 면에서 코
클리의 삼위일체론은 가히 "성령-우선적(Spirit-initiated), 성령-중심
적(Spirit-centered), 성령-주도적(Spirit-led)"이라 할 만하다.[7] 코클리
는 삼위일체 하나님이 세상과 맺는 관계에 드러나는 성령의 우선
적, 중심적, 주도적 역할에 대해 다음과 같이 서술한다.

이러한 관점에서, 성령은 여분의 세 번째 존재도, 실체화된 보충

---

5   Coakley, *God, Sexuality and the Self*, 111-112.

6   Coakley, "Why Three?" 38.

7   Susan Abraham, "Praying the Trinity: Transforming Feminist Trinitarian The-
ologies," *Modern Theology* 30/4 (2014), 582.

물도, 또한 기존의 남성 구성원들을 위한 친근한 여성적 부가물도 아니다. 오히려, 경험적으로 말해서, 성령은 우선적(primary)이다. 마치 오순절이 교회에서 우선적인 것처럼 말이다. 성령을 위한 어수선하지 않은 공간을 남겨 두는 것은 우리 안에서 이루어지는 신적 교환(divine exchange), 즉 십자가의 요한(John of the Cross)이 말했던 '신성한 숨 쉼'을 막힘없이 자유롭게 하도록 하는 절대적 전제 조건이다.[8]

결합적 모델로서의 삼위일체론

코클리는 성령을 하나님과의 연합을 가능하게 하는 후원자 혹은 결합자로 본다는 점에서, 자신의 성령 중심적 삼위일체론을 '결합적 모델'(incorporative model) 혹은 '기도에 기반한 모델'(prayer-based model)로 규정한다. 그녀에 따르면 결합적 모델과 대비되는 삼위일체 모델은 '단선적 계시 모델'(linear revelatory model)이다. 이 모델은 삼위일체 내에서 성부와 성자의 관계에 우선적인 초점을 맞추고 있으며, 여기서 성령은 이 관계를 교회와 연결시키는 2차적인 공급자(purveyor) 혹은 매개자(means)의 역할을 한다.[9] 요한복음

---

8   Sarah Coakley, *The New Asceticism: Sexuality, Gender and the Quest for God* (New York: Bloomsbury, 2015), 91.

9   Coakley, *God, Sexuality and the Self*, 111.

에서 이러한 삼위일체 모델의 근거를 발견할 수 있다. 예를 들어, 요한복음 14장 16절, "내가 아버지께 구하겠으니 그가 또 다른 보혜사를 너희에게 주사 영원토록 너희와 함께 있게 하리니"에서는 성부-성자 관계를 우선적으로 보고, 성령의 활동을 2차적으로 보는 단선적 특징을 함축한다. 또한 사도행전에 나타난 예수의 승천과 오순절 사건에서도 성령은 그리스도를 대신하는 존재인 것처럼 묘사되고 있다. 신학적으로 보자면, 대표적으로 칼 바르트의 삼위일체론이 단선적 계시 모델에 속한다. 바르트는 『교회 교의학』(*Kirchliche Dogmatik*)에서 계시에 관한 교리를 가장 처음에 다룸으로써 그 중요성을 부각시킨다. 계시된 말씀(예수 그리스도), 기록된 말씀(성경), 선포된 말씀(교회)이라는 삼중 양태로 나타나는 계시는 인간을 향한 삼위일체 하나님의 운동이며, 따라서 계시는 삼위일체적 구조를 갖는다. 즉 삼중 양태의 계시는 성부, 성자, 성령, 삼위에 의해 이루어진 사건인 것이다. 여기서 성령은 새로운 계시를 인간에게 직접 나타내기보다는, 성자 그리스도 안에서 나타나는 성부 하나님의 계시를 인간이 알 수 있도록 전달하는 역할을 한다. 이러한 점에서 바르트의 삼위일체론은 성부-성자 관계를 우선에 두는 전형적인 단선적 특징을 갖고 있다고 할 수 있다.

바르트와 마찬가지로 코클리도 삼위일체론을 자신의 신학 체계의 핵심으로 삼는다. 하지만 바르트와 달리 그녀는 삼위일체론의 구성을 가능하게 하는 근거를 '계시'가 아닌 '기도'에서 찾는다. 그녀에 따르면 기도는 우리를 삼위일체 하나님의 신비에 참여하도록 이끈다. 로마서 8장의 말씀처럼 말할 수 없는 탄식으로 우리를 위해 간구하시는 성령을 따라 우리가 깊은 기도를 드리게 될 때, 성령은 먼저 우리로 하여금 성령 하나님의 독립적이고 독특한 정체성을 알게 하시며, 나아가 성자 예수 그리스도에게 다가가도록 우리를 이끄신다. 성령이 아니고서는 우리는 예수 그리스도를 주로 고백할 수 없다(고전 12:3). 따라서 "성령은 단지 그리스도의 계시를 확장하는 것이나 그리스도의 인식을 가능하게 하는 것으로 이해되어서는 안 되며, 실제로 피조 세계를 하나님의 삶으로 이끄는 것으로 이해되어야 한다."[10] 이처럼 결합적 모델은, 성령을 매개자와 같은 2차적인 존재로 여기는 단선적 모델과는 달리, 성령의 우선적 (primary) 특성과 행위 주체성을 강조한다.

코클리에 따르면, 카파도키아 교부들의 삼위일체론이 이러한 결합적 모델의 특징들을 부분적으로 갖고 있었다. 하지만 그들 역시 성령을 삼위일체의 위계적 관계 속에서 제한적 역할을 하는 존재로 보았다. 카파도키아 삼위일체론이 성령의 행위 주체성을 강조하기는 하지만, 성부-성자 중심적이라는 단선적 모델의 한계를 완전히 벗어나지는 못했다. 코클리는 알렉산드리아 학파의 교부인 오리게네스(Origenes)의 삼위일체론이 결합적 모델의 원형을 보다 잘 드러낸다고 주장한다. 비록 그의 삼위일체론이 성부, 성자, 성령을 서열화하는 종속론의 경향을 띠고 있지만, 그의 『기도론』(De oratione)은

10   Ibid.

로마서 8장과 마찬가지로 성령이 중심이 되는 결합적 삼위일체론의 특징들을 구체적으로 묘사한다.

코클리에 따르면, 현대에 이르러서는 대표적으로 동방 정교회 신학자인 블라디미르 로스키(Vladimir N. Lossky)가 이러한 결합적 삼위일체론의 전통을 현대적으로 계승·발전시켰다. 로스키는 성령을 통한 상승의 길을 통해서 하나님의 지식(knowledge of God)에 이를 수 있다고 주장한다. 여기서 하나님의 지식이란 하나님에 관한 단순한 정보적 차원의 지식이 아니라, 인간의 모든 이해와 묘사를 넘어서는 신비적 차원의 지식이다. 이 지식은 오직 하나님과 인간의 신비적 연합 속에서만 얻을 수 있되, 이러한 연합이 가능할 수 있는 것은 성령의 주도적 행위 때문이다.

이러한 삼위일체의 결합적 모델은 누가복음과 바울의 서신들에서 주로 나타난다. 누가복음 1장 26-38절의 천사의 수태고지 장면에서, "성령은 그리스도가 수태됨을 알린 최초의 **매개자다.**"[11] 이는 그리스도 구원 사역에서의 성령 주도적 특징을 잘 보여 준다. 보다 구체적으로 바울 서신들은 삼위일체의 사역을 결합적 모델로 설명하고 있다. 특히 로마서 8장은 성령에 의해 주도되는 기도로 우리가 삼위일체 하나님에게 어떻게 결속될 수 있는지를 보여 준다. "피조물들이 하나님의 아들들이 나타나기를 고대하는 것"처럼 우리의 가장 근원적인 열망은 구원을 얻는 것, 즉 하나님에게 이르는

---

11   Ibid., 102, 각주 2.

것이다(8:19). 성령은 해산의 고통을 겪으며 신음하는 이들처럼 우리의 구원을 위해 함께 아파하시며 기도하신다(8:22). 인간의 지식과 의지로는 삼위일체 하나님의 신비를 다 알 수 없는 것은 물론이고, 심지어 스스로 기도조차 할 수 없다. 우리가 하나님을 찾고 기도할 수 있는 것은 성령의 도우심 덕분이다. 성령께서 돕지 않는다면 우리 자신의 심원의 욕망을 기도로 표현할 수 없다. 이렇듯 "말할 수 없는 탄식으로 우리를 위하여 친히 간구하시는" 성령의 중보를 통해 우리는 삼위일체의 신비 속으로 결합된다(8:26). 로마서 8장 26-27절이 보여 주는 것처럼, 성령이 이끄는 기도는 "개인과 신적 실체(monad) 간의 단순한 소통이라기보다는 하나님의 재귀성(reflexivity) 운동",[12] 다시 말해 하나님이 하나님에게 응답하는 삼위일체 하나님 안에서 이루어지는 신적 소통이다. 따라서 "가장 깊은 곳에서의 기도는 하나님의 것이지 우리의 것이 아니다. 기도는 기도하는 이가 규범적인 인간의 언어 또는 통제의 합리성을 넘어서게 한다."[13] 즉 우리는 성령의 기도를 따라 인간의 언어로 이루어지는 기도의 차원을 넘어서 삼위일체 하나님의 신비적 교제에 참여하게 된다. 나아가 우리는 양자(養子)의 영을 받아 하나님을 "아빠 아버지"로 부르게 되고(8:15), 성령은 "우리의 영과 더불어 우리가 하나님의 자녀인 것을 증언"하신다(8:16). 이처럼 코클리는 우리를 하나

---

12   Ibid., 113.

13   Ibid., 115.

님의 신비로 이끄는 성령의 활동을 중심으로 삼위일체론을 구성한다. 그렇기에 그녀의 삼위일체론에서 "'하나님'이신 성령은 결코 성부를 돕는 은유적 이름으로 제한될 수 없다."[14]

로마서 8장이 보여 주는 것처럼, 초대 그리스도인들은 성령을 따르는 깊은 기도를 통해 경험되는 삼위일체 하나님의 신비를 알고 있었다. 하지만 역사적으로 로마서 8장에 나타난 성령 중심의 결합적 모델은 삼위일체의 정통 이론(orthodoxy)과 정통 실천(orthopraxy)에 커다란 영향을 주지 못했다. 왜 로마서 8장은 삼위일체 교리 형성 과정에서 중요한 원천으로 받아들여지지 못했을까? 어째서 결합자이자 예언자로서의 성령의 역할은 더 이상 확장되지 못하고 그리스도교 역사에서 소외돼 버렸을까? 코클리는 이에 대해 성령 중심적 삼위일체 모델이 교회 안에서 예기치 않은 문제들을 일으킬 소지가 있었기 때문이라고 답한다.[15] 실제로 초대 그리스도인들은 성령 중심적 삼위일체론이 교회의 질서를 흐트러트릴까 봐 우려했다. 첫째로 초대 교회에서는 성령의 자유롭고 평등한 활동으로 인해 당시 당연하게 여겨졌던 성(性)적 구분과 그에 따른 성 역할이 모호하게 될 것이라는 두려움이 있었다. 둘째로 당시 교회는 성령 중심의 삼위일체 모델이 인간의 에로스적 욕망을 긍정적으로 다루는 것에 막연한 거부감이 있었다. 초대 교회에서 예언자적이고

---

14   Ibid., 112.

15   Ibid., 120-121.

카리스마적인 기도에 몰두했던 이들은 하나님에 대한 욕망 안에는 성적 욕망 혹은 에로스적 욕망과 같은 인간의 기본 욕망이 혼란스럽게 뒤섞여 있음을 깨닫게 되었고, 이로 인해 심리적 동요를 경험했다. 교회의 지도자들은 깊은 기도의 차원에서 벌어지는 통제력 상실이 인간의 기본적 욕망에 대한 통제력 상실로 이어지리라는 우려가 있었고, 결과적으로 이를 제한하고 통제하기 시작했던 것이다. 이러한 결정은 자기 모순적 형태로 교회 안에 남게 되었다. 즉 교회의 권위가 목회적 차원에서는 카리스마적이고 성령 주도적인 행동을 통제함으로써 성령의 역할을 부차적인 것으로 축소했지만, 교리적 차원에서는 삼위일체 인격들 간의 존재론적 평등을 신학적으로 확립했다. 오랜 시간이 지나면서, 이에 대한 결과로 삼위일체 및 성령에 대한 교리와 그에 대한 예전적 실천은 매우 모순적인 것이 되어 버렸다. 이러한 모순으로 인해 이론과 실천 사이에, 합리주의와 신비주의 사이에, 그리고 긍정신학과 부정신학 사이에 균열이 가기 시작했다.

물론 이러한 결합적 삼위일체 모델이 그리스도교 역사에서 완전하게 근절된 것은 아니다. 비주류의 전통 안에서, 비록 그 형식이 환경의 변화에 따라 지속적으로 변해 왔지만, 그 본류는 지금까지 변함없이 이어져 왔다. 성찬, 관상기도, 카리스마적 현현, 신비주의, 에로스적 은유들을 통해서 이러한 흔적을 확인할 수 있다. 코클리는 포스트모던 시대에 성령 체험의 신학적, 사회정치적 중요성이 새롭게 인식되기 시작하면서 그리스도교 역사 안에서 소외되고 배제되었던, '기도에 근거한 성령 중심의 신학'이 그 가치를 새롭게 평가받고 있다고 주장한다.

사회적 삼위일체론 비판

코클리 삼위일체론의 또 다른 특징 중 하나는 현대의 대표적인 삼위일체론 중의 하나인 '사회적 삼위일체론'을 비판하는 데 있다. 위르겐 몰트만(Jürgen Moltmann), 존 지지울러스(John Zizioulas), 미로슬라브 볼프(Miroslav Volf), 레오나르도 보프(Leonardo Boff), 캐서린 라쿠나(Catherine LaCugna)는 사회적 삼위일체론을 주장하는 대표적인 현대 신학자다. 이들은 공통적으로 삼위일체 위격들의 관계를 인간관계 혹은 사회 공동체의 모델을 반영하여 해석한다. 가령 몰트만의 경우 사회적 삼위일체의 관점에서 삼위의 관계에 대해 이렇게 말한다. "신적 위격들은 그들의 영원한 사랑에 의해서, 서로와 함께, 서로를 위하여, 서로 안에서, 그들이 그들의 독특하고 비교할 수 없으며 완전한 통일성 안에서 그들 자신들을 구성하며 너무도 친밀하게 존재한다."[16] 이처럼 사회적 삼위일체론에서 삼위의 하나

---

16   Jürgen Moltmann, *History and the Triune God: Contributions to Trinitarian Theology*, trans. John Bowden (New York: Crossroad, 1991), 86. 『삼위일체와 하나님의 역사: 삼위일체 신학을 위한 기여』, 이신건 옮김(서울: 대한기독교서회, 1998).

님은 "상호 간의 사랑과 일치, 그리고 구성원들 사이의 자기내어줌으로 한데 얽혀 있는 집단적, 공동체적, 사회적 존재로 여겨진다."[17] 코클리가 사회적 삼위일체론을 비판하는 주요한 이유 중 하나는 그것이 하나님과 인간 사이의 무한한 질적 차이를 고려하지 않는다는 데 있다.

코클리는 "신성과 인성이[또는 하나님과 피조물이] 매우 급진적으로 구분되며, 질적으로 매우 다른 범주에 속한다"[18]는 것을 강조한다. 그녀는 초대 그리스도교 교부인 니사의 그레고리오스(Gregorios Nysses)의 말을 인용하여, 신-인 사이의 질적 차이에 대해 다음과 같이 말한다. 즉 "(인간적 인격과 달리) 신성의 인격들은 시간과 장소에 의해서, 의지와 실천에 의해서, 행위와 고난에 의해서, 혹은 인간적인 관점에서 관찰되는 그 어떠한 것에 의해서도 서로가 분열되지 않는다." 다시 말해 하나님은 인간적인 어떤 것에 의해서도 설명되지 않는다는 것이다.

하지만 인간이 갖고 있는 관계의 경험과 사회 공동체적 관념에 근거하여 삼위일체 하나님의 관계를 해명하는 사회적 삼위일체론자들은 이러한 하나님과 인간 사이의 근원적인 질적 차이를 무시한다. 죄가 없으시고 온전한 성부, 성자, 성령의 위격들에 비한다면, 인간의 인격과 사회는 고통과 갈등, 죄악으로 점철되어 있다. 따라

---

17   Karen Kilby, "Perichoresis and Projection: Problems with Social Doctrines of the Trinity," *New Blackfriars* 81/957 (2000), 433.

18   Coakley, "Does Kenosis Rest on a Mistake?" 261.

서 인간의 경험과 관점에 의지해서 삼위일체 하나님을 규정하는 것 자체가 거대한 오류다. 사회적 삼위일체론은 이처럼 서로 다른 이 두 범주를 "하나의 평평한 차원(one flat package)"으로 함몰시키는 오류를 범한다.[19]

인간의 관점에서 하나님은 "그 자체로 더 큰 존재를 상상할 수 없는 분"이시다.[20] 하나님의 존재가 인간의 인식 범위를 전적으로 벗어나 있다는 점을 고려한다면, 삼위일체 하나님의 본질은 사회적 관계 모델로 묘사되거나 설명될 수 없다. 다시 말해 어떠한 경우에도 삼위일체의 위격들은 "선한 정치적, 교회적, 개인적 관계들을 위한 **모방가능한 원형**(*imitable prototypes*)"이 될 수 없다는 것이다.[21] 이러한 점에서 코클리는 삼위일체 하나님이 우리의 모방 대상이 아님을 분명하게 밝힌다. 우리는 오직 육체를 입고 인간의 모습으로 자신을 낮추셔서 오신 그리스도만을 모방하고 따를 수 있을 뿐이다. 그녀는 이렇게 말한다. "우리는 (성령의 은혜로운 이끄심을 통해서) 그리스도를 참으로 모방해야 한다. 하지만 우리는 그리스도의 중재 없이 직접적으로 삼위일체 그 자체를 모방할 수 없다."[22]

하나님과 인간 사이의 존재론적 차이를 망각한 채, 인간의 인식 범주 안에서 하나님의 신비를 묘사하거나 모방하려 할 때, 그것은

---

19   Ibid.

20   Ibid., 262.

21   Coakley, *God, Sexuality and the Self*, xiv. 강조는 원저자의 것.

22   Ibid., 309.

우상화의 위험에 노출될 수밖에 없다. 코클리는 현대의 사회적 삼위일체론에 "'인격'(혹은 '개인')에 대한 '근대적' 인식"[23] 또는 "'차이'에 대한 포스트모던적 강박"[24]이 투사되어 있다고 비판한다. 다시 말해, 사회적 삼위일체론은 기본적으로 인격, 타자, 관계와 같은 근현대의 윤리적 가치들에 기대어 있다는 것이다. 이러한 인간의 투사적 행위를 통해서 설명된 하나님은 하나의 우상일 수밖에 없다. 그래서 코클리는 사회적 삼위일체론에 대해 "우리가 지속적으로 저항해 왔던 우상화의 기획"에 지나지 않는다고 일갈한다.[25]

코클리는 오직 성육신하신 그리스도를 따름으로써, 또한 성령의 이끄심을 순종함으로써만 하나님과의 신비스러운 만남에 이를 수 있고, 하나님에 대해 부분적으로나마 알 수 있다고 말한다. 우리 삶의 도덕적, 윤리적 규범을 보여 주시는 분은 이 땅에 인간의 모습으로 현현하신 예수 그리스도이지, 우리의 인식 밖에 존재하시는 삼위일체 하나님이 아니다. 즉 우리가 모범으로 삼아야 할 인격과 관계의 모델은 초월적인 삼위일체 하나님의 신적 삶이 아니라, 그리스도께서 이 땅에서 보여 주신 인간적 삶이다.

23 Sarah Coakley, "'Persons' in the 'Social' Doctrine of the Trinity: A Critique of Current Analytic Discussion," in *The Trinity: An Interdisciplinary Symposium on the Trinity*, eds. Stephen T. Davis et al. (New York: Oxford University Press, 1999), 123.

24 Coakley, "Kenosis," 200.

25 Coakley, *God, Sexuality and the Self*, 309.

2

페미니즘과 자기비움(*kenōsis*)

코클리의 중요한 신학적 주제 중 하나는 '페미니즘'과 관련되어 있다. 코클리는 흔히 페미니스트 신학자로 분류된다. 하지만 코클리는 자신의 페미니스트적 관심이 주류 페미니즘 담론과는 근본적으로 다르다고 말한다. 그녀에 따르면 많은 페미니스트 신학이 기본적으로 인권과 인본주의를 강조하는 계몽주의의 영향 아래 있다. 이러한 점에서 페미니스트 신학은 근대 이전 그리스도교 전통을 거부하고, 또한 반(反)초자연주의적(anti-supernaturalist)인 관점에서 하나님의 초월성을 도외시하는 경향이 있다. 이에 비해 코클리는 그리스도교 전통에 나타나는 다양한 전례, 상징, 예술, 기도 등을 중요하게 여기며 이러한 것들에서 새로운 페미니즘적 함의들과 비전들을 찾아낸다. 대표적으로 그리스도교의 케노시스 교리[1]를 이해하고 해석하는 그녀의 방식은 기존의 페미니스트 신학자들과는 차

---

1   자기비움을 뜻하는 '케노시스'(κένωσις)는 빌립보서 2:1-6의 "그리스도 찬가" (*Carmen Christi*)에서 연유한 단어다. 이에 대한 자세한 내용은 이 책 부록에 실린 논문(특히 94n4)을 참고하라.

별되는 그녀만의 독특한 페미니스트 신학적 관점과 관심을 잘 보여 준다.

여성을 위한 케노시스 영성

여성들의 입장에서 그리스도교가 가르치는 '자기비움'(kenōsis)의 윤리는 다소 불편하다. 그것이 남성을 위한 여성의 일방적 희생과 순종을 정당화하는 가부장적 이데올로기로 오용되어 왔기 때문이다. 이러한 맥락에서, 다수의 페미니스트 신학자들은 그리스도교의 케노시스 교리가 여성에게 유익한 교리인지 의문을 제기한다. 대표적으로 영국의 페미니스트 신학자인 다프네 햄슨(Daphne Hampson)은 케노시스 교리가 페미니즘과 양립할 수 없다고 논증한다. 즉 케노시스 교리 안에는 여성 차별적이고 남성 중심주의적 논리가 숨어 있기 때문에, 여성에게 유익하지 않다는 것이다. 그녀에 따르면, 케노시스는 '교만'을 원죄로 갖고 있는 남성들에게는 유의미한 윤리이지만, '자존감 결핍'을 원죄로 갖고 있는 여성들에게는 그렇지 않다. 남성의 문제를 반성하기 위해 고안된 윤리 덕목을 여성에게 요구하는 것은 또 다른 폭력이며 억압이다. 여성의 원죄를 극복하기 위해서는 여성에게 적합한 윤리가 필요하다. 햄슨은 여성들이 자신의 원죄인 '자존감 결핍'의 문제를 해결하기 위해서는 자기실현이나 건강한 자존감 형성과 같은 가치들을 추구해야 한다고 말한다. 요컨대 케노시스 윤리는 파괴적 힘을 추구해 왔던 남성성에 대한 반성과 성찰의 결과물로 등장한 것이기 때문에, 이는 "남성적 사유의 대항–주제(counter-theme)"[2]이며, 따라서 반(反)페미니즘적인 것이다. 햄슨은 자신의 권리를 확장하기 위해 노력하는 여성들이 케노시스 윤리를 받아들이게 된다면, '힘'을 추구하는 것에 대한 잘못된 죄책감을 갖게 될 것이라고 말한다. 힘에 대한 부정적 인상을 심어 주는 케노시스의 윤리는 여권(女權) 회복을 저해하기 위한 가부장적 이데올로기의 한 전략이 될 수 있다. 이러한 의미에서 그녀는 여성들이 케노시스를 정당한 윤리적 가치로 수용하는 것은 마치 "생선 가시를 삼키는 것"(to swallow a fishbone)과 같다고 비판한다.[3] 지금의 여성 억압적 현실을 고려한다면, 여성들에게 우선적으로 필요한 것은 힘의 '거부'와 '비움'이 아니라 힘의 '추구'와 '획득'인 것이다

하지만 코클리는 이러한 햄슨의 주장을 분명하게 반대한다. 그녀는 햄슨의 비판이 케노시스 전통의 깊이와 넓이를 충분히 이해하지 못한 데서 비롯했다고 지적한다. 햄슨이 주로 공격하는 대상은 근대 이후에 등장한 소위 '새로운 케노시스론'(new kenoticism)이다. 코클리에 따르면, 새로운 케노시스론은 20세기 초 전쟁과 폭력

---

2   Daphne Hampson, *Theology and Feminism* (Oxford: Blackwell, 1990), 155.

3   Daphne Hampson, "On Autonomy and Heteronomy," in *Swallowing a Fishbone? Feminist Theologians Debate Christianity*, ed. Daphne Hampson (London: Society for Promoting Christian Knowledge, 1996), 1.

을 야기한 남성적 힘에 대한 사회적 죄의식의 결과로 등장한 것이다. 햄슨의 비판이 이러한 케노시스론의 최근 형식에 대해서는 어느 정도 타당성이 있을지 모르지만, 모든 종류의 케노시스론에 햄슨의 비판이 적용될 수 있는 것은 아니다.[4] 코클리가 보기에 햄슨은 그리스도교 케노시스 전통이 갖고 있는 풍부하고 다양한 의미들을 간과했다. 일부 남성적 힘의 반작용으로 등장한 케노시스론이 문제적이긴 하지만, 케노시스 전통 자체가 페미니즘과 양립불가능하거나 모순되는 것은 아니다. 코클리에 따르면, 페미니즘이 생명을 얻기 위해 생명을 잃어야 한다는 그리스도교적 역설을 거부하지 않고 수용한다면, 케노시스론의 중요한 전통들은 오히려 여성들에게 유익한 자원이 될 것이다.[5]

물론 코클리는 케노시스 윤리가 여성들을 무력하게 만드는 가부장제의 도구로 전락할 수 있는 위험성을 분명하게 인지하고 있다. 그녀는 케노시스 윤리가 만들어 내는 희생과 순종의 가치들이 여성을 억압하고 심지어는 학대하는 이념적 수단이 될 수 있다고 경고한다.[6] 하지만 이러한 위험성에도 불구하고, 케노시스의 다양한 전통들은 근원적으로 하나님의 힘을 경험하도록 하는 영적 방법들을 제안하고 있다. 따라서 페미니스트 신학은 케노시스 전통을 반페미니즘적인 것으로 치부하고 폐기해 버리기보다는 그것을 여성

---

4   Coakley, *Powers and Submissions*, 11.

5   Ibid., 4.

6   Coakley, "Kenosis," 208.

들의 참된 '힘의-북돋움'(empowerment)을 위한 영적 자원으로 재해석할 필요가 있다. 이런 맥락에서 코클리는 케노시스를 페미니즘적으로 재해석하려는 시도와 그것의 위험성을 엄밀하게 구분할 필요가 있다고 말한다.

페미니즘을 넘어서: 남성과 여성 모두의 영적 케노시스

코클리가 페미니즘에 관심을 갖는 주된 이유는 여성을 남성보다 우월한 존재로 재신화화(remythologization)하거나 신성화(deification)하는 데 있지 않다. 그녀의 궁극적 목표는 남성과 여성 모두를 '온전한 인간성'(full humanity)에 이르도록 하는 데 있다. 그녀는 케노시스를 이러한 목표에 이르도록 하는 영적 실천으로 이해한다. 그녀에 따르면 자기비움의 과정은 인간의 왜곡된 욕망을 하나님에게 이르도록 하는 거룩한 욕망으로 변형시킨다. 이 변형의 과정 속에서 남성과 여성이라는 젠더(gender) 이분법이 역전되는데, 이는 단순히 젠더의 구분이 없어짐을 뜻하는 것이 아니라 우리가 평소에 갖고 있던 젠더 관념들이 불안정해지고 모호해짐을 뜻한다. 즉 케노시스를 통해서 우리는 젠더의 변형을 경험하게 된다. (이것은 결코 젠더의 소멸이 아니다.) 코클리의 이러한 생각은 니사의 그레고리오스로부터 연유한다. 그레고리오스는 케노시스가 젠더 유동성(gender fluidity)을 만들어 냄으로써, 이원론적 젠더의 위계질서와 가부장적 성 역할 및 고정 관념에 균열을 낸다고 주장한다.[7] 요컨대 코클리는 그레고리오스를 인용함으로써, 케노시스를 고착화된 성 관념을 해체하는 영적 방법으로 재해석한다. 그녀의 관심은 남성을 배제함으로써 여성의 우월성을 드러내는 데 있지 않다. 그레고리오스의 "젠더 유동성의 금욕적 프로그램"이 보여 주듯이, 케노시스라는 영적인 실천은 남성과 여성이라는 경계를 넘어서는 것이다. 즉 남성과 여성의 가치를 역전시켜 이들의 우열 관계를 뒤바꾸는 것이 아니라, 남녀 모두를 동일하게 긍정적으로 변형시키고 회복시키는 것이다.

따라서 코클리의 케노시스론은 남녀의 헤게모니를 단순히 역전시켜 여성성에 이상적이고 우월적인 지위를 부여하는 '이원론적 반전주의'(dualistic reversalism) 혹은 '역전된 성차별'(reverse sexism)에 빠지지 않는다. 그녀의 이론 안에서 여성들은 지속적인 자기성찰과 반성을 추구하게 되며, 나아가 '온전한 인간성'을 지향하게 된다. 이처럼 코클리는 '케노시스'를 남성과 여성 모두를 위한 공동의 영적 목표로 재해석함으로써, 남성과 여성의 불균형적 관계를 그대로 유지하는 기존 페미니스트 신학의 한계를 넘어, '온전한 인간성'을 추구하는 새로운 페미니스트 신학적 비전을 제시한다.[8]

케노시스는 남성과 여성 모두를 변화시키는 공동의 영적 목표를

---

7   Ibid., 153.

8   Coakley, "Kenosis," 208.

제안하기 때문에, 이는 남성에게도 유용하고 유익한 자원이다. 하지만 코클리는 케노시스를 인간의 윤리적 차원을 넘어서 신적 차원으로 확장시키는 것에 대해서는 반대한다. 그것은 케노시스를 하나님의 본질적 속성과 연결시키는 "하나님의 케노시스"(divine *kenōsis*) 개념이 여성들에게 도움이 되지 않는다고 보기 때문이다. 무엇보다 코클리에 따르면, '자기를 비우시는 하나님'은 무력한 하나님 이미지를 창조함으로써 여성들이 경험하는 연약함과 무력함에 정당성을 부여할 위험성이 있다. 즉 엘리자베스 존슨(Elizabeth A. Johnson)의 말처럼 "고통이 그 자체로 가치가 있다는 식으로 혹은 하나님은 본질적으로 약하거나 무력하다는 식으로 하나님의 고통에 대해 단정하면서 이러한 모델을 주장하는 것은 평등과 온전한 인간성을 추구하는 여성의 투쟁을 함정에 빠뜨리는 것이다."[9] 코클리가 케노시스를 페미니스트 신학적 자원으로 수용하고자 하는 이유는 여성들의 회복을 위한 영적 길을 모색하기 위함이지, 새로운 형이상학적 신(神) 담론을 구성하기 위함은 아니다. 그녀에 따르면 케노시스론의 최근 형태인 '하나님의 케노시스' 개념은, 앞에서도 다루었듯이, "남성 우월적 죄책감에 상응하는 것"[10]으로, 취약하고 희생적인 하나님 이미지를 창조하여 여성들의 방어적이고 수동적인 삶을 당연한 것으로 받아들이도록 하는 분명한 한계를 갖는다.

9   Elizabeth A. Johnson, *She Who Is: The Mystery of God in Feminist Theological Discourse* (New York: Crossroad Herder, 1992), 253.

10   Coakley, *Powers and Submissions*, 30.

코클리에 의하면 억압받는 이들에게 필요한 하나님은 인간과 함께 고난당하는 하나님이 아니라, 고난에서 벗어나도록 힘과 용기를 불어넣으시는 권능의 하나님이다. 이와 같이 코클리의 케노시스론은 본질적으로 여성들을 위한 '힘'을 추구한다고 할 수 있다. 물론 그녀가 추구하는 힘은 남성들이 추구해 왔던 파괴적이고 억압적인 힘과는 다른 것이다. 그것은 예수 그리스도께서 이 땅에서 보여 주셨던 사랑과 정의의 힘이다. 이 힘은 오직 하나님 앞에서 침묵의 기도를 통해 자기를 비우는 과정 속에서만 얻어진다. 성령을 따르는 깊은 기도 속에서 우리는 세상에 대한 욕망을 하나님에 대한 욕망으로 재정향시키는 케노시스를 경험할 수 있다. 이러한 욕망의 변형은 여성들로 하여금 자신의 본래 정체성을 되찾게 할 뿐만 아니라, 모든 억압적 권력에 맞서 저항의 목소리를 내도록 한다. 이처럼 케노시스는 여성을 무력하게 만드는 가부장적 전략이 아니라, 남성 중심의 권력에 저항하는 예언자적 비전과 공명하는 것이다.

3

기도

코클리는 '기도'를 자기 신학의 중요한 방법론적 원리로 사용한다. 기도, 특히 하나님께 침묵으로 나아가는 관상기도(contemplative prayer)는 인간의 '취약성'(vulnerability)과 하나님의 '힘의-북돋움'을 경험하는 가장 근원적인 방법이다. 따라서 그녀에게 기도는 신학의 부록이나 첨언이 아니라, 핵심이자 본질이다. 다음의 말에서 그녀의 이러한 생각을 읽을 수 있다.

> 내가 제안하는 조직신학의 '특별한 유형'은 … 판단 기준을 강화함으로써 우리를 깨끗하게 하는 침묵의 관상기도 연습을 포함해야 한다. 즉 성적 욕망들(그리고 여타 모든 욕망들)의 각축장(arena)을 살피고, 이를 변화시키는 특별한 능력을 가진 금욕적 활동을 포함해야 한다는 것이다. 그래서 그것은 점진적 변화(progressive transformation) 속에 있는 (우리가 흔히 말하듯이, 길 위에서[*in via*]) 신학의 이해를 포함해야 하며, 또한 세속적 합리성이나 자기성(selfhood)의 이론에서 발견되는 것이 아닌, 합리성의 영역에 도

전하고, 이를 **확장시키며**, 동시에 이전에 갖고 있던 확실성을 흔들고 깨뜨리는 것에 집중하는 영적 훈련 속에서 발견되는 것을 포함해야 한다. 이러한 훈련을 지속적으로 반복하는 신학은 욕망의 질문이라는 다급한 상황에서 도피하지 않으며, 또한 이러한 욕망들의 무분별한 활동의 위험성을 인지한다.[1]

코클리는 기본적으로 '모든 인간은 죄인'이라는 다분히 전통적인 그리스도교 인간론을 견지한다. 그녀는 비록 페미니즘적 입장에서 신학을 전개하지만, 여성성을 이상적인 인간성으로, 또한 남성성에 비해 언제나 우월한 것으로 여기지 않는다. 모든 인간적 욕망은 근본적으로 왜곡되어 있기에 "'폭력적인'(abusive) 인간의 힘은 언제나 우리 안에 가능성으로 내재해 있다."[2] 남성과 마찬가지로 여성도 세속적 힘과 특권을 욕망한다. 그러므로 여성들의 '세상에-대한-욕망'(desire-for-the-world) 역시 '하나님에-대한-욕망'(desire-for-God)으로 재정향되어야 하고 변형되어야 한다. 이러한 재정향과 변형을 가능하게 하는 것은 성령을 따라 하나님 앞에서 이루어지는 '기도'다. 신학이 "하나님과의 관계 속에서 인간 경험을 성찰하는 것"이라는 점을 상기한다면,[3] 코클리에게 기도는 신학을 가능하

---

1 Sarah Coakley, "Is There a Future for Gender and Theology? On Gender, Contemplation, and the Systematic Task," *Svensk Teologisk Kvartalskrift* 85 (2009), 52. 강조는 원저자의 것.

2 Sarah Coakley, "Waiting for God," *The Christian Century* 120/13 (2003), 27.

52 | 욕망, 기도, 비움

게 하는 근거이자 원천이라 할 수 있다. 제니스 리스(Janice Rees)가 적확히 통찰했듯이, "[코클리의] 신학은 … 맥락적 경험이 아니라, 관상기도로부터 시작한다."[4] 다시 말해 그녀의 신학은 외부 세계와의 대화에서 시작한다기보다는, 자기의 내부 세계로 향하는 기도로부터 시작한다고 할 수 있다. 이처럼 기도는 코클리 신학의 핵심 방법론이다.

깊은 침묵의 기도 속에서 모든 인간은 자신의 근원적인 연약함을 경험하게 된다. 하지만 기도는 인간의 연약함을 드러내는 데 그치지 않고, 더 나아가 이를 극복하고 역전시키는 하나님의 힘을 경험하도록 한다. 기도의 신비는 힘의 '비움'과 '채워짐'이라는 이율배반적이고 모순적인 관계를 역설적으로 승화시킨다. 코클리는 모순적이고 이분법적인 것으로 여겨지는 '힘'과 '복종'의 관계를 다시 정립하기 위해, 기도를 자신의 신학의 핵심에 위치시킨다.[5] 즉 그녀의 기도 신학의 목적은 "무언의 기도(wordless prayer)가 강압적이지 않은 하나님의 힘이 나타나는 공간을 창조함으로써, 역설적으로 연약함과 개인적 힘의-북돋움을 **동시에** 가능하게 할 수 있는지를 보여

3   Rosemary Radford Ruether, "Feminist Theology and Spirituality," in *Christian Feminism: Visions of a New Humanity*, ed. Judith L. Weidman (San Francisco: Harper & Row, 1984), 9.

4   Janice Rees, "Sarah Coakley: Systematic Theology and the Future of Feminism," *Pacifica* 24 (2011), 312.

5   Coakley, *Powers and Submissions*, x.

주는 데 있다."[6]

　요컨대, 우리의 일반적인 생각과 달리, 성령을 따르는 깊은 기도 속에서 '연약함'과 '힘'의 관계는 '모순'(contradiction)이 아닌 '심연의 역설'(profound paradox)로 경험된다.[7] 그래서 그녀는 기도 안에서 경험되는 이러한 연약함과 힘의 역설적 관계를 "취약성-안에-있는-힘"(power-in-vulnerability)으로 표현한다.[8] 이러한 '취약성-힘의 역설'은 바울의 신학에 근거한다. 바울은 고린도 교회에 보내는 편지에서 다음과 같이 말한다.

> 나에게 이르시기를 내 은혜가 네게 족하도다 이는 **내 능력이 약한 데서 온전하여짐이라** 하신지라 그러므로 도리어 크게 기뻐함으로 나의 여러 약한 것들에 대하여 자랑하리니 이는 그리스도의 능력이 내게 머물게 하려 함이라 그러므로 내가 그리스도를 위하여 약한 것들과 능욕과 궁핍과 박해와 곤고를 기뻐하노니 이는 **내가 약한 그 때에 강함이라**(고린도후서 12:9-10).

바울의 고백이 보여 주는 것처럼, '취약성-힘의 역설'의 원형은 그리스도의 십자가다. 즉 그리스도가 보여 주신 십자가에서의 자발적 희생은 "'생명을 구원하기 위해서는 생명을 잃어야 한다'는 영적

6　　Ibid., 5. 강조는 원저자의 것.

7　　Ibid., x.

8　　Ibid., x, 5, 37.

역설들"을 드러낸다.[9] 그리스도의 십자가에서 나타난 무력함과 연약함은 부활이라는 완전히 새로운 힘으로 역전된다. 이는 세속적인 힘과는 전혀 다른 종류의 힘이다.[10] 그리스도는 십자가에서 무력하게 죽으심으로써, 역설적으로 참다운 신적 힘을 드러내셨고, 기존의 타락한 질서를 완전히 전복시키셨다. 그렇기에 '취약성-안에-있는-힘'은 수동적이거나 순종적인 것이기보다는 능동적이고 적극적인 것이며, 나아가 저항적이고 전복적인 것이다. 그리스도가 십자가에서 드러낸 힘은 파괴적이고 폭력적인 힘에 대한 단순한 반작용이 아니라, 완전히 새로운 질서로서의 힘을 나타낸다. 이처럼 기도는 우리를 가장 연약한 상태로 인도하지만 동시에 우리가 연약해진 바로 그 자리에서 기존의 질서를 뒤엎는 새로운 힘을 발견하게 한다. 따라서 기도를 통해 경험되는 '취약성-안에-있는-힘'은 위계적, 폭력적 힘에 의지하지 않으면서도, 기존의 지배 질서를 해체하는 참된 힘을 표상한다.

이러한 맥락에서 코클리는 기도를 통해 이루어지는 "금욕적인 헌신, 그리고 하나님께 자신을 내어 드리고 하나님께 응답하는 규칙적이고 의지적인 연습"[11]의 중요성을 강조한다. 우리는 기도라는 "의지적 '연약함'의 행위"를 통해서 우리의 욕망이 하나님께로 변형됨을 경험할 수 있다. 여기에는 어떠한 강압도 없다. 사랑의 하나

9   Ibid., 4.

10   Ibid., 25.

11   Ibid., 34.

님은 우리를 강압(force)이 아니라, 신적 권위(authority)로서 설득하며 변화시킨다.[12] 세속적 욕망과 특권을 비우는 과정에서 경험되는 연약함은 억압적 권력에 의해 경험되는 연약함과는 질적으로 다른 것이다. 따라서 기도에 기반한 자기비움의 연약함과 세속적 힘에 의한 피학적 연약함을 구분하는 것은 중요하다.[13] 참된 연약함은 오직 침묵기도를 통해서만 경험된다.

코클리에 따르면, 침묵기도는 우리가 갖고 있는 모든 독단과 고정 관념, 우상적 편견을 깨뜨림으로써, "하나님이 하나님 되도록 하는 공간을 만든다."[14] 따라서 기도는 하나님의 임재를 기다리는 시간이며 하나님의 공간이 열리는 장소다. 기도 속에서 우리는 우리 자신의 문제에 몰두하기를 멈추고 오직 하나님만을 갈망하게 된다.[15] 코클리는 이러한 기도가 우리에게 필연적으로 두려움을 가져다준다고 말한다. 성령에 이끌리는 기도는 두렵고 고통스러운 것이다. 기도를 통해 하나님 앞으로 나아갈 때에 우리의 허물과 연약함이 적나라하게 드러나기 때문이다. 하지만 이러한 두려움과 고통을 걷어 내고 더 깊은 기도로 나아가게 되면, 우리는 "기대하지 않았던 힘"을 만나게 되고, 이 힘은 우리를 하나님의 뜻을 따르는 존재, 즉

---

12   Coakley, *God, Sexuality and the Self*, 343.

13   Coakley, *Powers and Submissions*, 36-37.

14   Ibid., 34.

15   Sarah Coakley, "Prayer as Crucible: How My Mind Has Changed," *The Christian Century* 128/6 (2011), 36.

'신율적 자아'(theonomous selfhood)로 변형시킨다.[16]

기도 속에서 발견되는 우리의 허물과 연약함은 우리 고유의 정체성과 개성을 축소시키거나 약화시키지 않는다. 오히려 그것은 자아를 확장시킴으로써 타자의 고난에 참여하게 하고, 부정의한 현실에 저항하게 한다. 코클리는 침묵기도를 통해 이루어지는 하나님에 대한 복종이 "다른 종류의 복종이나 침묵과는 달리, 부정의와 학대에 대항하여 말을 하도록 힘을 불어넣는다"고 말한다.[17] 이러한 점에서 하나님 앞에서의 침묵과 절제, 복종은 역설적으로 우리의 자유를 가능하게 하는 근거가 된다. 침묵기도가 만들어 내는 하나님과의 신비한 만남, 그리고 자아의 변형과 확장은 인간의 의지와 노력의 산물이 아니다. 그것은 오직 하나님의 은총의 결과다. 코클리는 이렇게 말한다.

이러한 방식으로 '공간 만들기'를 선택함으로써, 어떤 이는 '하나님의 임재'를 '연습하게 된다.' 다시 말해 '말살하지' 않으시는 것은 물론, 소리치시거나 강제하지도 않으시는 그 하나님의 미묘하지만 충만한 임재를 '연습하게 된다.' 어느 누구도 누군가를 깊은 '관상기도'로 **인도하지** 못한다(비록 하나님의 은총은 그것을 가능하게 하지만). 하지만 '관상기도'를 하지 **않는** 것은 하나님의 은총를 외

---

16   Coakley, *The New Asceticism*, 106.

17   Sarah Coakley, "Responses to My Critics," *Syndicate: A New Forum for Theology* 2/6 (2015), 75.

면하기 위한 가장 간단한 방법이다. 따라서 인간의 조건인 '취약성'은 불필요한 고난이나 부당한 고난이 있어야 하는 것은 아니다 (비록 자기이해가 늘어나면서 실제로 괴로울 수는 있겠지만). 또한 이것은 '자기포기'(self-abnegation)도 아니다. 반대로 이 특별한 '자기비움'은 자기에 대한 부정(negation)이 아니라, 하나님을 향해 자기를 변형시키고 확장하는 장소인 것이다.[18]

코클리의 기도 신학은 사색적, 사변적 추론의 결과물이 아니다. 오히려 그것은 그녀의 실천적, 수행적 경험에서 비롯한 것이다. 코클리는 미국 보스턴의 한 교도소에서 남성 수감자를 대상으로 '침묵기도 그룹'을 만들어 기도 훈련을 지도한 적이 있다. 그녀가 여성이 아닌 남성을 그 대상으로 삼은 것은 자신의 기도 이론이 여성에게만 적용되는 것이 아니라 남성에게도 동일하게 적용되는 보편적인 것임을 보이기 위함이었다. 그녀는 남성 수감자들에게 침묵기도의 방법을 가르쳐 주었고, 그들과 함께 정기적으로 기도 훈련을 하기 시작했다. 이 기도 그룹을 통해서 그녀는 침묵기도의 훈련이 남성 수감자들에게 외로움과 속박에 맞서도록 힘을 불어넣고 있음을 확인할 수 있었다. 그녀는 성, 인종, 사회 경제적 차이를 모두 뛰어넘는 기도의 변형적 힘에 대해서 다음과 같이 서술한다.

18　Coakley, *Powers and Submissions*, 35-36. 강조는 원저자의 것.

종종 그 시간들[기도 훈련 시간들]은 우리 모두에게 고된 일이었다. 이러한 훈련이 생소한 대부분의 남성에게는 마음을 내려놓고, 침묵이 야기하는 내적 불안들을 참아 내야 한다는 점에서 매우 힘든 것이었다. 그때 나는 좀 더 많은 경험을 가진 수감자들의 내부 그룹에 대한 영향을 강하게 느꼈다. 그들의 온화함과 평정심(poise)은 이 프로젝트의 장기적인 효과를 가장 잘 보여 주었다. 온화함, 평정심, 평화, 연대성, 이러한 것들은 비록 수감 생활에서 짧은 축복의 시간일지라도 "시스템에 대한 저항"의 방식을 분명히 보여 준다. 확실히(이것은 아마도 초보자의 행운이었을 것이다) 나는 그들에게서 어떠한 위협도 느끼지 못했다. 또한 나는 우려했던 것과는 달리 부적절한 성적 발언으로 인해 어려움을 겪지도 않았다.[19]

요약하면, 성령이 이끄시는 기도를 통해 전능한 하나님 앞에 설 때 우리는 근원적인 연약함을 경험한다. 역설적으로 이러한 연약함 속에서 우리는 하나님의 참된 힘의-북돋움을 경험하게 된다. 이 힘은 세속적인 힘과는 전적으로 다른 신적인 힘, 즉 기존의 힘의 질서를 거부하는 완전히 새로운 힘으로, 오직 우리 자신의 연약함을 고백하고 하나님께 자신을 복종시킬 때에만 경험되는 것이다. 그래서 코클리는 이를 "취약성-안에-있는-힘"이라고 부른다. 이 역설적 힘의 경험은 우리를 새로운 변형의 삶, 즉 은총의 삶으로 초대한다.

19   Sarah Coakley, "Jail Break: Meditation as a Subversive Activity," *The Christian Century* 121/13 (2004), 19.

4

욕망과 금욕주의

'욕망'(desire)과 '금욕주의'(asceticism)는 코클리의 신학을 관통하는 핵심 단어다. 그녀의 삼위일체론, 성령론, 케노시스론, 기도론은 모두 기본적으로 인간의 욕망과 관련되어 있다. 욕망이 없다면, 인간은 성령의 이끄심을 따를 수도, 기도를 할 수도, 하나님 앞에서 자기를 비울 수도, 삼위일체 하나님을 경험할 수도 없다. 신앙과 신학이 가능한 것은 인간에게 근원적인 욕망이 있기 때문이다. 이러한 점에서 코클리의 주된 신학적 관심사는 인간의 타락한 욕망을 하나님을 향한 욕망으로 재정향시키고 변형시키는 데 있다. 그녀에 따르면 욕망의 재정향과 변형은 욕망의 통제, 즉 금욕을 통해서 가능해진다. 코클리는 시대착오적인 것처럼 느껴지는 '금욕'이라는 단어의 오해를 해소하고, 이를 현대적 관점에서 새롭게 해석한다. 그녀는 이렇게 현대적으로 재해석된 금욕의 의미를 "새로운 금욕주의"(new asceticism)라고 부른다.[1]

---

1   그녀는 최근의 책, *The New Asceticism*에서 이를 자세히 다룬다.

욕망의 사회적 함의

일반적으로 그리스도교에서는 욕망을 부정적인 것, 혹은 극복해야 할 것으로 여긴다. 욕망에 대한 가감 없는 담론들이 넘쳐 나는 지금의 시대를 고려해 볼 때, 이를 금기시하는 교회는 분명 시대에 뒤쳐진 것처럼 보인다. 세속 사회는 욕망을 죄악시하는 교회를 고리타분하고 반시대적인 것으로 생각한다. 코클리는 이러한 욕망을, 특히 성적인 욕망을 그리스도교 신학의 관점에서 현대적으로 재해석하고자 한다. 그녀에 의하면, 성에 대한 견해는 일반적으로 정치적 '보수'와 '진보'의 입장과 맞물려 있다. 즉 보수주의자들은 성을 억압해야 할 대상으로 여기는 반면, 진보주의자들은 어떠한 규제도 필요 없는 자유로운 것으로 여긴다. 이러한 양극단의 관점은 성에 대한 새로운 이해를 도모하는 데 도움이 되지 않는다. 그녀에 따르면 욕망을 정의하는 데 가장 큰 걸림돌은 그것이 프로이트 이후에 지나치게 성적인 것으로만 치부되고 해석되어 왔다는 점이다. 이러한 잘못된 인식으로 인해, 현대에 이르러서 성적 욕망과 다른 욕망들(하나님에 대한 욕망을 포함하여)과의 관계가 모호한 것이 되어 버렸다.

　코클리는 인간 욕망의 본성을 적확하게 통찰하기 위해서는 신학의 관점이 필요하다고 주장한다. 신학은 인간의 근원을 다루는 분야이기 때문에, 욕망의 심층적 차원을 이해하는 데 유익하다. 그녀는 욕망을 신학적 관점에서 조망할 때에만, 그것이 인간의 번영(flourishing)을 위한 의미로 새롭게 확장될 수 있다고 말한다. 즉 욕망에서 새로운 비전을 발견하기 위해서는 보다 근원적인 관점에서 그것을 이해하고 다루어야 한다는 것이다. 이런 맥락에서 그녀는 "오직 이와 같은 참된 금욕적 삶만이 욕망의 상업화에 찌들고 물든 탈-그리스도교 세계의 측면을 충분히 제어하도록 요구할 수 있다"고 말한다.[2] 우리의 욕망이 그리스도교적 금욕의 관점에서 올바른 방향으로 작용할 때, 그래서 그것이 취할 수 있는 선택의 폭이 좁아질 때, 역설적으로 우리는 참된 자유를 경험하게 된다.

코클리는 인간의 왜곡된 욕망의 재정향과 회복을 위한 방법을 설명하면서 니사의 그레고리오스를 인용한다. 그레고리오스는 욕망이 사회적인 윤리들과 연결되어 있다는 다소 낯선 통찰을 가지고 있었다. 그는 성적 파트너를 먼저 떠올리게 하는 '에로스' 욕망 안에는 사회적 기능이 있다고 말한다. 즉 상호 간의 기쁨을 가능하게 하는 에로스 욕망이 임신과 출산이라는 일차적 기능을 넘어서 가난하고 소외된 자들 향한 관심과 사랑으로 확장될 수 있다는 것이다. 코클리에 따르면, 에로스 욕망에서 사회적 기능이 상실된 까닭은 근대화를 겪으면서 그것이 지나치게 개인화되고 육체화(physicalization)되었기 때문이다. 그래서 그녀는 에로스의 본래적 의미를 찾기 위해서는 근대적 사고방식에서 탈피하여, 욕망에 대한 근본적인 재인식이 필요하다고 말한다. 즉 욕망을 육체적인 것으로만 이해하는 제한된 관점에서 벗어나, 영적인 것으로 확장하여 이해해야

---

2   Coakley, *The New Asceticism*, 5-6.

한다는 것이다.

그레고리오스의 신학은 이러한 확장된 욕망 개념을 잘 보여 준다. 그에 따르면 욕망은 "'세속적인' 사회 가운데서조차 완벽히 억누르거나 거부하기 어려운 심오한 매력을 지닌 채 우리로 하여금 다름 아닌 하나님을 향하도록 지속적인 생명력을 불어넣어 주는 것"이다.[3] 욕망은 신적인 삶에 참여하도록 우리에게 에너지와 엑스타시를 준다. 이러한 욕망의 매혹과 설득은 신-인 관계에만 제한되는 것이 아니라 사회적 관계로 확장된다. 즉 하나님에게로 정향된 욕망은 사랑과 정의, 공감과 이타심, 그리고 공동선에 대한 열망을 불러일으키고 확장시킨다. 결과적으로 욕망은 모든 피조물이 하나님의 사랑에서 소외되지 않고 온전하게 살도록 생명의 길을 열어 준다. 그래서 그레고리오스는 "(정확히 이해된) 욕망은 결코 억제되거나 약화되어서는 안 되며 오히려 (하나님 안에서) 강화되어야 한다"고 역설한다.[4]

금욕주의의 현대적 수용

코클리는 삶의 조화와 욕망의 재정향이라는 덕을 추구하기 위해서는 '습관'과 '훈련'에 대한 사유가 필연적으로 요구된다고 말한다. 이러한 맥락에서 그녀는 '금욕주의'의 필요성을 언급하며 그것에 새로

---

3   Ibid., 10.

4   Ibid., 7.

운 신학적 의미를 부여한다. 물론 그녀는 '금욕주의'가 그리스도교 역사 안에서 왜곡된 교회의 권위와 억압을 가리키는 부정적인 의미로 사용되어 왔다는 점을 인지하고 있다. 하지만 이러한 부정적인 함의들을 거두어 낸다면, 금욕주의의 오랜 전통에서 인간의 욕망을 변화시키는 새로운 영적 방법이 발견될 것이라고 주장한다.

'금욕주의'를 가장 먼저 현대적으로 재평가한 사람은 프랑스 철학자이자 사회과학자인 미셸 푸코(Michel Foucault)다. 그는 '욕망'과 '금욕주의'가 강력하게 얽혀 있다는 점을 날카롭게 통찰한다. 금욕주의에 대한 그의 관심은 『성의 역사』(*Histoire de la Sexualité*)에 나타난 권력과의 관계에 집중되어 있다. 그는 금욕주의를 계보학적으로 분석하고 그 안에 있는 억압의 문제를 드러낸다. 그의 이러한 분석을 통해 교회의 관습이 욕망을 억압한다는 점, 나아가 근대 서구 세계의 국가 관리형 욕망 통제가 그 이전의 제도화된 사목권력의 변형이라는 점, 그래서 그것이 억압적 권력의 조건이라는 점을 볼 수 있다. 코클리에 따르면, 푸코는 권력, 성, 자아의 관계를 파악하는 데 탁월한 통찰력을 보여 주었다. 하지만 그는 하나님의 향한 에로스의 욕망이 갖고 있는 창조적 변형의 능력을 고려하지 않았다. 즉 그는 신적 초월성을 간과함으로써, 인간의 참된 자유를 보장하는 궁극적인 형이상학적 존재를 배제해 버렸다.

욕망의 분석에 대한 푸코의 광범위한 영향 속에서, 1970년대 초반 역설적으로 고대 그리스도교의 금욕주의 훈련에 대한 관심이 커지기 시작했다. 이는 '영혼'에 대한 무관심과 '몸'에 대한 지나친 관심이 만들어 낸 아이러니라고 할 수 있다. 즉 영혼에 대한 믿음이 상실된 자리에 '몸'이 유일한 구원의 장소처럼 여겨지면서, 초기 그리스도교에서 등장했던 금욕주의가 새롭게 주목받기 시작한 것이다. 사실 '금욕주의'는 그리스도교의 태동과 본질에 깊이 연관되어 있다. 그리스도교가 '교리'를 통해서 표준화되면서, 몸에 근거한 금욕 훈련이 신앙의 부록인 것처럼 격하되고 폄훼되었지만, 사실 그 것은 그리스도교의 종말론적 비전에 의해서 형성되고 유지되어 온 것으로, 삶의 전반에 걸친 지적, 영적, 몸적 훈련을 통합하는 신앙의 통전적/전인적 비전과 연결되어 있다.

20세기 후반에 이르러 몸에 대한 상업적, 성적 소비가 만연해지면서 몸에 대한 관심은 더욱 극대화되었다. 코클리는 영적인 것이 무시되고 육적인 것이 주목받는 지금 시대에도 여전히 데카르트적인 이원론과 모순이 작용하고 있다고 통찰한다. 가령, 현대인들은 몸에 대한 욕망을 자연스러운 것으로 수용하면서도, 동시에 몸의 욕망을 통제하지 못하는 것을(예를 들어 비만과 같은 것을) 패배자적인 자기방종(self-indulgence)으로 여긴다. 요즘 유행하는 자기형벌적(self-punitive) 운동과 극단적 다이어트는 몸에 대한 이중적이고 모순적인 태도를 그대로 보여 준다.

코클리는 이러한 현대의 몸에 대한 관심이 실상은 만연해 있는 죽음에 대한 거부를 나타낸다고 분석한다. 다시 말해 현대인들이 궁극적으로 관심을 가지는 몸은 유한한 몸이 아니라 "죽음을 넘어서는 몸"(the body beyond death)이다.[5] 코클리에 따르면, 이러한 현대의 몸에 대한 모순성을 가장 잘 이해한 사람은 미국의 철학자이자 젠더 이론가인 주디스 버틀러(Judith Butler)다. 코클리는 버틀러의 욕망과 젠더 이론이 개인의 변형에 대한 유신론 전통의 입장과 공명하는 부분이 많다고 주장한다. 즉 버틀러의 이론과 하나님을 향한 몸의 변형을 열망하는 그리스도교 전통 사이에는 많은 공통점이 있다는 것이다.[6] 버틀러도 그리스도교 금욕주의 전통과 매우 유사하게, 미래를 향한 몸적(젠더적) 변형에 이르기 위해서는 훈련과 수행(performance)이 필요하다고 말한다. 버틀러에 따르면, 젠더는 본성적인 것이 아니라 반복적인 수행의 결과다. 따라서 몸은 의미를 기다리는 단순한 표면(surface)이 아니라, 개인적, 사회적, 정치적으로 의미 지워지는 경계들이다. 이 몸의 경계들, 즉 젠더화된 의미들은 다른 방식의 수행과 훈련을 통해서 허물어지고 전복될 수 있다. 요컨대 반복적인 연습은 "젠더 유동성"을 가능하게 한다. 이러한 몸과 젠더의 "탈본성화"(de-naturalization)는 버틀러 젠더 이론의 핵심이라 할 수 있다.[7] 코클리가 주목하는 점은 버틀러가 주장하는 성과 젠더의 '탈본성화'가 그리스도교 금욕주의 전통의 핵심 주제와 잇닿아 있다는 사실이다.

코클리에 따르면, 버틀러의 젠더 이론은 (비록 그녀가 초월적 존재를 상정하지 않지만) 그레고리오스의 이론과 유사하다. 그레고리오스의 목표 역시 문화적 규범으로 남아 있는 젠더 이분법을 없애는 데 있

5   Coakley, *Powers and Submissions*, 156.

6   Ibid. 157.

7   Ibid., 158.

기보다는, 문화적 규범을 통한 그것의 "변형"을 모색하는 데 있다. 버틀러가 수행적 행동으로 젠더 이분법을 해체하고자 하는 것처럼, 그레고리오스도 오랜 시간의 금욕 프로그램, 즉 신을 향한 에로스의 정화와 재정향을 통해 젠더의 경계를 허물고자 한다. 아우구스티누스(Aurelius Augustinus)와 달리, 그레고리오스는 성행위 자체를 죄악시하거나 부정적인 것으로 보지 않는다. 그에게 육체 혹은 성적 욕구는 영적인 것에 이르기 위한 중요한 근거이자 원천이다. 육체와 성은 결코 억압의 대상이 아니다. 그는 성서에서 묘사하는 종말론적인 몸이 곧 금욕으로써 변형된 몸을 나타낸다고 말한다. 예를 들어 고린도전서 15장에 나타난 씨앗 이미지는 불안하지만 변화하는 몸을 나타낸다. 본문이 증언하는 바와 같이, 우리 몸은 썩지 않을 몸으로 변화하는 가운데 있다. 변화는 부패를 뜻하는 것이 아니라 "영광에서 영광으로"의 영원한 변형을 뜻하는 것이다.[8] 금욕적 훈련 속에서 성에 대한 고착화된 관념들은 허물어지고 전복되며, 또한 젠더의 경계는 유동적이고 모호한 것이 된다. 그레고리오스는 이러한 변형의 과정을 통해 현재 우리의 몸이 미래에 천사 같은 몸으로 변화될 것이라고 주장한다. 코클리는 그레고리오스의 이러한 이론에 따라 젠더를 근원적이지만 동시에 변화 가능한 것으로 파악한다. 그러므로 그녀에게 젠더와 몸은 억압의 대상이 아니라, 변형을 통한 구원의 가능성인 것이다.

---

8   Ibid., 163.

5

십자가와 희생

코클리는 그리스도교 전통을 가부장제의 산물로 보고 이를 해체하고자 하는 일련의 페미니스트 신학자들과는 달리, 전통 속에서 여성에게 유익한 신학적 가치들을 찾아내고자 한다. 그녀는 종교의 의미를 매우 폭넓게 이해한다. 그녀에 따르면, 종교란 "삶 전체를 하나로 모으는 상징체계"로, 개인에게 삶의 의미와 목적을 가져다주는 총체이다.[1] 그녀는 종교가 오늘날 현대인들에게 의미 있게 다가가기 위해서는 제도적 종교를 뛰어넘어 새로운 형태의 영성, 즉 대사회적 측면을 포괄하는 통전적 영성을 추구해야 한다고 말한다. 그리스도교가 독특한 윤리적 가치들과 이념들을 유산으로 가지고 있지만, 그리스도교의 본질은 개인 윤리 혹은 사회 윤리의 차원을 뛰어넘는다. 즉 그리스도교의 상징체계는 윤리 이상의 의미를 지닌다는 것이다. 예를 들어 그리스도교의 성례에서 사용되는 상징들, 몸, 떡, 포도주, 죽음, 물, 빛 등은 인간 윤리의 차원을 넘어 초월

---

1   코클리 · 이승구, "트뢸치주의의 여성신학자 세라 코크리(Sarah Coakley)와의 대화," 508.

적 차원의 가치들을 지시하고 있다. 구체적으로 성찬에서의 '피'는 우리의 거짓된 욕망을 정화하는 강력한 상징으로, 우리에게 올바른 윤리적 방향감과 실천의 동력을 제공할 뿐만 아니라, 더 나아가 하나님과의 신비적 일치와 구원의 은총을 가져다준다.

그녀에게 '그리스도의 십자가'는 결코 폐기해 버릴 수 없는 그리스도교 전통의 핵심이다. 일반적으로 페미니스트 신학자들은 십자가 중심의 구원론에 비판적이다. 그것은 그리스도교의 희생과 대속 교리가 다층적인 억압 체계 안에 있는 여성들을 착취하기 위한 남성 중심적, 가부장적 이데올로기의 역할을 해 왔다고 생각하기 때문이다. 그래서 그들은 구원 사건의 핵심이 예수의 십자가 고난과 죽음이 아닌, 그의 성육신적 삶과 생명의 비전에 있다고 주장한다.[2] 십자가는 이러한 예수의 비전을 거부하는 인간의 죄를 나타내는 것이지 구원을 나타내지는 않는다는 것이다. 코클리는 페미니스트

2   가령, 메리 데일리(Mary Daly)는 그리스도 십자가 교리에 근거한, 자기희생, 복종, 겸손 등과 같은 가치를 강하게 거부한다. 같은 맥락에서, 엘리자베스 쉬슬러 피오렌자(Elizabeth Schüssler Fiorenza)도 십자가의 교리가 가부장적 질서를 더욱 공고히 하는 이념적 도구가 되었다고 말한다. 다음을 참고하라. Mary Daly, *Beyond God the Father: Toward a Philosophy of Women's Liberation* (Boston: Beacon Press, 1973). 『하나님 아버지를 넘어서: 여성들의 해방 철학을 향하여』, 황혜숙 옮김(서울: 이화여자대학교출판부, 1996); Elizabeth Schüssler Fiorenza, *Jesus: Miriam's Child, Sophia's Prophet: Critical Issues in Feminist Christology* (New York: Continuum, 1994). 그 외에, 들로레스 윌리엄스(Delores S. Williams), 로즈마리 래드포드 류터(Rosemary Radford Ruether), 캐스린 태너(Kathryn Tanner), 엘리자베스 존슨(Elizabeth A. Johnson), 샐리 맥페이그(Sallie Mcfague)와 같은 페미니스트 신학자들도 전통적인 십자가 교리가 여성들의 억압적 현실에 도움이 되지 않는다고 비판한다.

신학을 표방하고 있지만, 십자가 중심적 구원론을 거부하는 주류의 페미니스트 신학들에 반대한다. 그녀는 다분히 전통적인 입장에서 구속 교리를 이해한다. 그녀에게 그리스도의 십자가 고난과 죽음은 구원을 위한 필수 조건이자 핵심이다. 이는 그리스도가 그의 자유 의지에 근거해서 십자가의 고난과 죽음을 자발적으로 선택했음을 뜻하는 것이다. 그녀는 빌립보서 2장의 "그리스도 찬가"를 예수의 자발적 자기희생과 자기비움의 증거로서 제시한다. 그녀에 따르면, "케노시스의 전체 문제는 그 시작에서부터, 신성의 특징과 그것이 성육신에 미친 영향에 관한 사변적인 문제가 아니라, 예수가 십자가 도상(*en route*)에서 보이신 '자기희생'에 관한 **도덕적** 문제다."[3] 즉 예수의 십자가 고난과 죽음은 인간의 죄에 의한 수동적 결과라기보다는 그의 자발적인 자기비움과 희생의 결과라는 것이다. 이처럼 인류의 구원은 그리스도의 의지적인 자기비움의 사건에 절대적으로 의존해 있다. 이러한 맥락에서 코클리는 그리스도의 십자가 처형을 필연적인 구원의 사건이 아니라 우연적인 인간의 집단적 죄의 결과로 해석하는 페미니스트 신학자들에 반대한다.

코클리는 그리스도의 십자가 희생이 구원을 위한 필수 조건이듯이, 하나님의 구원의 선물을 받기 위해서는 희생이 요구된다고 주장한다.

---

3   Coakley, "Kenosis," 194. 강조는 원저자의 것.

선물과 희생을 분리하는 것에 대한 나의 거부는, 나의 그리스도교 신학적 주장, 즉 희생은 인간 죄의 역사(timeline)와 교차하기 때문에, **신적** 선물(끊임없는 매혹과 은혜의 초대)은 불가피하게 우리에게 "희생"이란 특정한 형식을 강요한다는 주장에서 기인한다. 이러한 조건들 속에서, 만약 희생이 우리로 하여금 신적 선물에 더 깊이 참여하도록 이끈다면, 신적 선물은 필연적으로 희생을 요구한다.[4]

그렇다고 해서 코클리가 '하나님의 구원의 선물'과 '인간적 희생'의 관계를 '교환'(exchange)이나 '거래'(trade)로 보는 것은 아니다. 즉 희생의 대가로 구원을 받게 되는 것은 아니라는 것이다. 그녀는 하나님의 사랑과 은혜의 구원이 '모든 교환 원리를 뛰어넘는 것'임을 분명히 밝힌다. 하나님의 구원은 언제나 넘쳐흐르는 그분과 사랑과 은혜에서 비롯한다. 다만 코클리가 강조하고자 하는 것은, 인간의 입장에서 그 넘치는 구원의 은혜의 선물을 수용하기 위해서는 죄로 물든 우리의 자아를 '희생'이라는 영적 행동을 통해 정화해야 한다는 것이다.[5]

---

4 Sarah Coakley, "In Defense of Sacrifice: Gender, Selfhood, and the Binding of Isaac," in *Feminism, Sexuality, and the Return of Religion*, eds. Linda Martín Alcoff and John D. Caputo (Bloomington: Indiana University Press, 2011), 23. 강조는 원저자의 것.

5 Sarah Coakley, *The Cross and the Transformation of Desire: Meditations for Holy Week on the Drama of Love and Betrayal* (Cambridge: Grove Books Ltd., 2014), 5-7. 『십자가: 사랑과 배신이 빚어낸 드라마』, 정다운 옮김(서울: 비아, 2017), 120.

앞에서도 다루었듯이, 코클리에게 희생은 삼위일체 하나님의 신비에 참여하기 위한 영적 수단이다. 즉 희생을 통해 우리의 죄와 거짓된 욕망은 정화되며, 이로써 우리는 삼위일체 위격들 사이의 신비적 관계 속으로 결합된다. 코클리는 다음과 같이 말한다.

> **이러한** '희생'은 맹목적인 복종이나 용인된 폭력(condoned assault)이 아니다. 또한 데리다식의 '죽음의 선물'도 아니다. 왜냐하면 이 하나님-안의-재귀성(reflexivity-in-God)에 참여한다는 것은 죽음으로서의-희생(sacrifice-as-death)을 의미하기보다는, 삶의 정화(purgation)를 의미하기 때문이다.[6]

이런 맥락에서 코클리는 '희생'을 두 종류, 즉 "하나님을-위한-희생"(sacrifice-for-God)과 "세상을-위한-희생"(sacrifice-for-the-world)으로 구분한다.[7] 그녀에 의하면 '하나님을-위한-희생'은 자유, 일치, 평화를 창조하는 반면에, '세상을-위한-희생'은 폭력, 소유욕, 학대를 생산한다. 참된 희생인 전자는 '생명'을 향한 목적 있는 고난으로 우리를 인도하지만, 거짓 희생인 후자는 '죽음'을 야기하는 무의미한 고난으로 우리를 이끈다.

코클리는 '이삭의 결박'을 뜻하는 '아케다'(*Akedah*)(창22.1-19)를

---

6   Coakley, "In Defense of Sacrifice," 23. 강조는 원저자의 것.

7   Ibid., 31.

참된 희생의 예로 제시한다. 그녀는 창세기에 나오는 아브라함이 자신의 아들 '이삭'을 제물로 바치는 이야기에서, '아브라함의 믿음' 보다 '이삭의 희생'에 더욱 주목한다. '아케다'에 대한 랍비식 독법에 따르면, "이삭은 순진하고 무방비의 어린아이가 아니라 이미 성숙하고 판단력을 갖춘 어른"이었다.[8] 그러므로 '이삭의 결박'은 그의 순진함과 무지에서 비롯되었다기보다는, 그의 의지적이고 자발적인 희생의 결단에서 비롯된 것이다. 요컨대 이삭의 결박은 외부적 강요가 아니라 자유로운 내적 결단의 결과다. 이러한 점에서 이삭은 사라처럼 가부장적 권력에 종속된 '희생적 여성'이 아니라, 상대적인 연약함에도 불구하고 자유로운 의지 속에서 가부장적 세계에 도전하는 '명예로운 여성'(honorary woman)을 표상한다. 이삭은 이러한 의지적이고 자발적인 희생을 통해서 궁극적으로 "인간의 행위에 대한 하나님의 붙드심(divine undergirding)이라는 신비의 단계"를 체험하게 되었다.[9] 다시 말해, 이삭의 자아는 참된 희생 속에서 "하나님에 대한 올바른 의존에 의해, 오직 하나님에 의해 자유를 구성하는 신율적 자아"(theonomous selfhood)로 변화될 수 있었던 것이다.[10] 그러므로 "이삭은 거짓된 보상적 권력 의지(will-to-power)와 가부장적 폭력으로써가 아니라 변형적이고 신적인 **개입**(interruption)이라는 미묘한(subtler) 힘으로써 인간의 무력함을 극

8   Ibid., 24.
9   Ibid., 20.
10   Ibid., 31.

복한 사람의 유형이라" 할 수 있다.[11]

코클리는 이러한 이삭의 희생이 그리스도의 희생을 예표한다고 주장한다. 그리스도의 희생 역시 "부활에 의한, 그리고 이삭이 단호하게 수용했던 구원의 계획(salvific intentionality)에 의한 변형이자 생명의 내어줌"이다.[12] 예를 들어, 갈라디아서 4장 28-31절과 로마서 8장 32절은 이삭이 그리스도와 모형론적으로 연결되어 있음을 암시한다. '아케다' 이야기와 그리스도의 수난 이야기는 모두 우리의 죄의 욕망이 정화되기 위해서는, 그리고 우리의 거짓 자아가 신율적 자아로 변형되어 하나님과 연합하기 위해서는, '하나님을-위한-희생'과 '하나님의 부름에 대한 순종'이 필연적으로 요구된다는 것을 보여 준다. 이러한 점에서 코클리는 인간의 자발적인 희생을 구원을 위한 필수 조건으로 여긴다.

코클리에게 그리스도의 십자가의 자기비움은 이러한 희생을 가능하게 하는 근거다. 다시 말해, 그리스도의 십자가가 인간 희생의 원형이자 모델이라는 것이다. 그래서 그녀는 "[골고다] 동산에서의 그리스도의 고통과 십자가에서의 하나님의 뜻에 대한 순종을 자유의 박탈이라기보다는 성취된 인간 자유의 특징과 모범"으로 본다.[13]

11   Ibid., 18. 강조는 원저자의 것.

12   Ibid., 26.

13   Sarah Coakley, "Providence and the Evolutionary Phenomenon of 'Cooper-ation': A Systematic Proposal," in *The Providence of God: Deus Habet Con-silium*, eds. Francesca Aran Murphy and Philip G. Ziegler (London: T&T Clark, 2009), 188.

그리스도의 십자가 희생이 온전하고 참된 인간성이 무엇인지를 우리에게 드러내고 있다는 점에서, 그것은 우리가 가야 할 구원의 길이 무엇인지 보여 주며, 궁극적으로 우리를 '하나님의 구원의 선물'로 인도한다. 그녀는 이렇게 말한다.

> 희생은 거짓된 욕망의 (죽음이 아니라 생명으로 인도하는) 필수적인 정화(purgation)이다. 이 정화는 하나님의 선물이 인간 죄악의 역사(timeline)와 부딪힐 때, 그리고 이 선물이 우리에게 다름 아닌 하나님에 대한 완전하고 열광적인 헌신을 요구할 때 발생한다.[14]

요약하면 코클리는 그리스도의 구원 사건을 그의 죽음이 아닌 삶에서 찾고자 하는 일련의 페미니스트 신학자들과는 달리, 그리스도의 십자가 죽음을 그의 자발적 자기희생의 결과이자 구원 사건의 핵심으로 본다. 즉 복음서의 증언처럼, 그리스도가 이미 자신의 고난과 죽음을 미리 알고 있었으며 종국에는 인류의 구원을 위해 그것을 의지적으로 받아들였다는 것이다. 따라서 십자가는 온 인류를 위한 그의 자발적이고 의지적인 대속을 가리킨다. 이러한 점에서, 코클리에게 그리스도 십자가의 희생은 구원 사건의 필수적인 요건이며, 나아가 희생과 자기비움의 윤리를 구성하는 근거다.

---

14   Coakley, "In Defense of Sacrifice," 31.

6
진화와 섭리

1859년, 찰스 다윈(Charles Darwin)의 『종의 기원』이 출간된 이후 진화론이 급속하게 확산되면서, 하나님의 창조를 믿는 그리스도교는 큰 도전에 직면하게 되었다. 진화론은 생명의 기원을 설명하면서도 신을 위한 자리를 마련하지 않는다. 진화론과 그리스도교의 교리는 양립할 수 없는 것처럼 보인다. 하지만 코클리는 진화생물학과의 적극적인 대화를 통해, 상호 모순적으로 보이는 진화론과 그리스도교 신학 사이에 다리 놓기를 시도한다. 그녀는 이를 위해 하버드 대학교 수리생물학(mathematical biology) 교수인 마틴 노왁(Martin Nowak)과 함께 2005년부터 2008년까지 템플턴 재단(Templeton Foundation)의 지원을 받아 "진화와 협력의 신학"(Evolution and Theology of Cooperation)이라는 공동 연구 프로젝트를 진행했고, 이 연구 결과를 바탕으로 2012년 기포드 강좌(Gifford Lectures)에서 "되찾은 희생: 진화, 협동, 하나님"(Sacrifice Regained: Evolution, Cooperation and God)이라는 주제로 강연했다.[1]

사실 진화론이 그리스도교에 제기한 도전적인 의문들은 초기 그리스도교에서부터 변증학적으로 다루어진 주제다. 진화론은 단지 이러한 고전적인 신정론의 문제들을 현대적으로 보다 선명하게 드러낸 것뿐이다. 코클리는 오늘날 진화론이 그리스도교를 향해 던지는 질문을 크게 세 가지로 요약한다.

진화론이 던지는 세 가지 질문

먼저, 진화론은 그리스도교의 섭리 교리가 자연 세계에 나타난 진화의 현상들을 일관되게 설명하지 못한다고 비판한다. 다윈에 따르면 진화는 변이와 선택이라는 우발성과 무작위성에 의해서 이루어진다. 이러한 진화의 과정에 신이 어떻게 개입했는지를 논리적으로 설명하는 것은 불가능해 보인다. 둘째, 이 세계가 하나님의 섭리 가운데 운영된다면 사실상 인간에게 자유는 없는 것이 아닌가 하는 의문이 제기된다. 즉 하나님의 섭리는 인간의 자유를 축소하거나 제한한다는 것이다. 특별히 결정론적이고 환원론적인 가정에 바탕을 둔 최근의 유전학 연구들은 이러한 의문을 더욱 강화한다. 세 번째 도전은 악의 문제와 관련되어 있다. 진화론은 다음과 같은 질문을 심각하게 던진다. "전능하고 선하신 하나님께서 이 세계에 개입하고 계

---

1   다음 웹사이트에 방문하면, 코클리의 2012년 기포드 강좌 영상을 볼 수 있다. https://www.giffordlectures.org/lectures/sacrifice-regained-evolution-cooperation-and-god (2021. 9. 13. 최종 접속).

시다면, 이 세계에 존재하는 수많은 비극과 고통은 왜 발생하는가?" 악의 현존은 신이 없거나 무능하다는 사실을 방증한다.

코클리에 따르면, 진화론이 제기한 첫 번째 문제는 하나님과 자연 세계의 관계를 경쟁적으로 인식한 데서 비롯한 오류이다. 즉 하나님과 이 세계가 같은 공간에서 더 많은 공간을 점유하기 위해 제로섬 게임을 하고 있다는 잘못된 가정으로부터 이러한 의문이 제기되었다는 것이다. 하나님은 이 세계로부터 절대적으로 초월해 있는 존재이기에 진화의 법칙에 영향을 받지 않는다. 하나님은 진화의 과정 안에서 다른 존재들과 경쟁을 하는 것이 아니라, 그 과정 밖에서 진화의 메커니즘을 발생시키고 유지시킨다. 요컨대, 하나님은 이 세계에서 관찰되는 우발성과 무작위성을 가능하게 하는 내적 근거이자, 진화의 생태계를 존속시키는 '유지자'(sustainer)이다. 따라서 "하나님이 없다면 진화는 결코 있을 수 없다."[2]

하나님은 진화의 과정에 내재하시지만, 동시에 그것을 초월하신다. 코클리는 이를 삼위일체적으로 설명한다. "성령은 지속적으로 모든 창조물이 그것의 근원이신 성부에게로 돌아가도록 끊임없이 설득하고 초대한다. 하지만 이는 성육신하신 성자의 완전한 개입, 즉 그의 수난이 없이는 불가능하다."[3]

2   Sarah Coakley, "Evolution, Cooperation, and Divine Providence," in *Evolution, Games, and God: The Principle of Cooperation*, eds. Martin A. Nowak and Sarah Coakley (Cambridge: Harvard University Press, 2013), 377.

3   Ibid., 378.

코클리는 철저하게 그리스도교 전통에 기초해 진화론의 도전에 응전한다. 이런 맥락에서 그녀는 이 세계에 대한 신의 개입을 최소화하는 '이신론'(deism)을 강하게 비판한다. 이신론의 하나님은 진화의 과정에 직접적으로 개입하지 않는다. 대표적으로 물리학자이자 성공회 사제인 폴킹혼(John Polkinghorne)은 하나님께서 진화가 일어날 수 있도록 자발적으로 이 세계에 대한 개입을 철회하셨다고 주장한다. 그는 이를 가리켜 하나님의 '케노시스'라고 말한다.[4]

코클리는 폴킹혼의 이러한 견해에 반대한다. 진화는 이 세계에서 하나님의 신성이 상실되고 후퇴한 결과로 나타난 것이 아니라, 오히려 그것이 분출되고 개입한 결과로 나타난 것이다. 진화의 과정 안에 있는 하나님의 활동은 이따금씩 일어나는 외부적인 개입이나 기적이 아니다. 하나님은 창조의 질서를 유지하기 위해 모든 존재에 지속적으로 간섭하신다. 다만 이러한 간섭이 명시적으로 드러나지 않고 베일 속에 감추어져 있을 뿐이다. 코클리는 이러한 하나님의 '감추심'을 하나님의 케노시스라고 말한다. 여기서 케노시스는 하나님의 의도성이 감추어졌음을 의미하는 것이지 그분의 신성이 상실되거나 후퇴하였음을 의미하는 것이 아니다.

하나님의 섭리가 인간의 자유를 축소한다는 두 번째 문제 제기역시, 하나님의 영역과 인간의 영역을 경쟁 관계로 이해한 데서 비롯한 것이다. 즉 인간의 자유가 확보되기 위해서는 그만큼 하나님

---

4   John Polkinghorne, *Science and Providence: God's Interaction with the World* (London: SPCK, 1989), 85

의 활동과 간섭이 줄어야 한다는 신-인 경쟁적 구도가 여기에 전제되어 있다는 것이다. 코클리는 하나님의 섭리와 인간의 자유의 양립 가능성을 설명하기 위해, 피터 기치(Peter Geach)의 체스-마스터 모델을 제안한다. 하나님은 마치 여덟 살짜리 초보자와 체스를 두는 고수와도 같다. 초보자는 얼마든지 자유롭게 수를 둘 수 있다. 하지만 초보자가 어떤 수를 두더라도 고수에는 익숙한 수이기에, 고수는 늘 적절하게 대응한다. 초보자가 체스를 둘 때 발생하는 우발성과 변수는 이내 고수에 의해 통제되며, 궁극적으로 그의 의도대로 게임은 진행된다. 고수가 초보자를 손쉽게 이기는 것은 자명하다. 월등한 실력 차이는 이 둘을 경쟁 관계로 만들지 않는다.

인간은 진화의 과정 속에서 자유롭게 선택한다. 다만 하나님은 진화라는 게임의 규칙을 만들고 이를 운영하는 분으로, 인간의 선택에 의해 발생할 수 있는 다양한 시나리오를 시간을 초월해 이미 알고 있다. 하나님은 인간이 어떤 선택을 할지 단지 알고 있을 뿐, 그 선택에 직접적으로 개입하지는 않으신다. 하나님은 인간에게 선택의 자유를 보장하신다.

하지만 궁극적으로 인간의 자유로운 선택은 하나님의 섭리 안에 포섭된다. 진화라는 게임의 규칙과 운영이 제1원인(primary causation) 단계 혹은 초월적 단계에서 벌어지는 일이라고 한다면, 그 규칙 안에서 벌어지는 다양한 선택과 우발성은 제2원인(secondary causation) 단계 혹은 내재적 단계에서 벌어지는 일이다. 제1원인 단계는 초월적인 위치에서 제2원인 단계를 창조하고 유지시킨다. 제

1원인 단계에 종속되어 있는 제2원인 단계의 활동은 그것에 어떠한 영향도 미치지 못하기 때문에 그것과 경쟁할 수 없다. 따라서 제1원인으로서 하나님의 섭리와 제2원인으로서 인간의 자유는 상호 충돌 없이 양립 가능하다.

코클리는 인간의 자유를 하나님께 맞서는 자유가 아니라 하나님을 위한 자유로 해석한다면 하나님의 섭리와 인간의 자유가 양립 가능하다는 사실을 알게 될 것이라고 말한다. 인간은 자유로운 의지로 하나님의 은총의 행위에 복종할 수 있다. 그리스도가 십자가에서 보여 준 하나님에 대한 복종은 인간의 자유를 폐기하는 것이 아니라 오히려 그것을 완성한다.

진화론이 제기하는 세 번째 문제는 이 세상에 존재하는 악과 관련되어 있다. 이 역시도 동일하게 신-인 관계에 대한 현대적 오해에서 비롯한다. 이 세계에 존재하는 비극의 현실로부터 무신론을 추론하는 것은, 하나님과 세계가 경쟁하지 않는다는 사실을 인식하지 못한 데서 연유한다. 코클리는 악의 문제에 답하기 위해 고전 신학의 해법을 따른다. 즉 아우구스티누스와 마찬가지로, 악을 선의 결핍으로 해석한다. 진화의 과정에서 나타나는 개체의 죽음과 소멸은 이 세계에 주어진 자유가 낳은 일종의 부조리라고 할 수 있다. 이는 이 세계에서 경험되는 비극과 고난을 낭만화하거나 정당화하는 것이 아니다. 선의 부재로서의 악은 하나님의 선을 향해 나아감으로써 마땅히 극복되고 폐기되어야 한다.

이러한 맥락에서, 코클리는 19세기 후반 자유주의 신학자들에 의해 주장된 '사회개량론'(meliorism)에 반대한다. 윌리엄 제임스(William James)에 의해 체계화된 사회개량론은 하나의 실체로서 존재하는 악을 극복해 감으로써 점차 이 세계를 선하게 만들 수 있다는 낙관론에 기대어 있다. 코클리에 의하면, 이 이론은 진화론에 나타난 이타주의를 어설프게 변주하는 것에 불과하다. 진화론이 보여주는 발전 과정은 단순하게 도덕적 낙관주의로 수렴되지 않는다. 진화에 나타나는 개체 간 '협력'이 언제나 선을 도모하는 것은 아니다. 때로는 거악을 위해 봉사할 수도 있다. 역사가 반복해서 보여주듯이, 독재자도 자신의 악랄한 목적을 위해 얼마든지 '협력'이라는 가치를 이용할 수 있다. 진화는 선을 지향할 수도 있고 선의 부재인 악을 지향할 수도 있는 가치 중립적인 것이다.

코클리는 악의 문제 역시 삼위일체적이고 성육신적으로 이해해야 한다고 말한다. 그녀는 다음과 같이 말한다.

> 그것[악의 문제]은 **그리스도론적**으로 이해되어야 한다. 즉 무시간적 신성의 관점에서(또한 **성자의** 고난과 '미약한' 인간적 죽음 **안에서**), 하나님의 창조 안에 있는 심연의 고통과 상실, 그리고 명백한 헛됨은 부활의 희망을 전하시는 성령에 의해서 이해되어야 한다. 이러한 관점에서 악은 단지 선의 부재이며, 죽음은 부활의 서곡이다.[5]

5   Ibid., 379-380.

무시간적인 성부 안에서 성자의 십자가 고난을 통해 이 세계 안에 있는 비극은 극복되었다. 그리스도는 죽음을 이기고 부활하셨다. 부활은 이 세계에 존재하는 고난과 비극을 극복하고 폐기하는 사건이다. 성령은 이러한 부활의 희망을 우리에게 불어넣는다. 그렇기에 삼위일체 하나님 안에서 죽음은 부활을 위한 서곡인 것이다.

코클리는 이 세계에서 경험되는 무작위성과 혼란, 그리고 인간의 자유를 그리스도교의 신론과 모순 없이 설명하기 위해 하나님과 이 세계 사이의 거리를 의도적으로 떨어뜨려 놓는 것은 옳지 않다고 말한다. 엄밀한 의미에서 이신론은 그리스도교적 신 개념이 아니다. 하나님은 이 세계에 끊임없이 개입하고 계신다. 로마서 8장의 말씀처럼 삼위일체 하나님은 "말할 수 없는 탄식"과 함께 피조물의 구원을 갈망하신다. 하나님은 자신의 사랑으로 우리를 존재하게 하시고 그 생명을 유지시키신다. 하나님은 필요할 때만 간헐적으로 이 세계에 개입하시는 것이 아니라, 이 세계에 급진적으로 내재하심으로써 끊임없이 피조물들에 활기를 불어넣으시고 그것들을 지탱하신다.

코클리에 따르면 이 세계에 대한 하나님의 개입은 감추어져 있다. 하지만 이따금씩 하나님의 비밀스러운 개입이 이 세계에서 드러날 때가 있다. 즉 "하나님의 섭리적 의지와 진화적 혹은 인간의 협력이 순간적으로 완전한 일치를 이루게 될 때" 감추어져 있던 하나님의 활동이 잠시 드러난다.[6] 그녀는 그 예로 그리스도의 십자가

---

6   Ibid., 380.

사건을 든다. 과학의 관점에서 보면, 그리스도의 십자가 죽음과 부활은 불가해하고 무작위적인 것이다. 그래서 이는 기적적인 사건 혹은 반역사적인(ahistorical) 사건으로 치부된다. 하지만 신학의 관점에서 보면, 그리스도의 십자가는 우발적인 사건이 아니라 자연스러운 사건이다. 다시 말해 그의 고난과 죽음은 삼위일체 하나님의 섭리 안에 있는 진화 과정의 총체로서, 필연적으로 발생한 것이다.

진화와 섭리의 관계를 이해하는 세 가지 입장

코클리는 진화와 하나님의 섭리에 관한 최근의 논쟁들을 크게 세 가지 양상으로 구분한다. 첫 번째는 과학적 무신론(scientific atheism)이다. 교조적인 과학적 무신론자들은 진화 자체가 제시하는 경험적 증거를 넘어선 주장을 한다. 아이러니하게도 과학적 사고가 아닌 추론 혹은 당위성에 근거해 신의 존재를 부인하는 것이다.[7] 과학적 무신론은 그 자신이 취하는 비관적인 환원주의적 태도를 설득력 있게 해명하지 못하는 방법론적 한계가 있다.

두 번째 양상인 지적 설계론(Intelligent Design)은 하나님을 이신론적으로 이해하는 경향이 있다. 사실상 이 세계에 대한 하나님의

---

7   코클리는 이러한 과학적 무신론에 비한다면, 오히려 부정신학(apophatic theology)의 방법이 이데올로기적으로 덜 편향되어 있으며, 그래서 보다 과학적일 수 있다고 말한다. Ibid. 381.

급진적 내재를 거부하는 것으로, 고전 신학의 입장과 배치된다. 또한 과학적으로도 지적 설계론은 생명의 진화를 일관되고 정합성 있게 설명하지 못한다.

세 번째, 비경쟁적 입장(no-contest position)은 주로 20세기 가톨릭 신학이 취한 입장으로, 종교와 과학의 영역을 엄밀하게 구분한다. 종교와 과학은 서로 침범할 수 없는 고유의 교도권(magisteria)을 갖는다는 것이다. 코클리는 기본적으로 자신의 입장이 이와 유사하다고 밝힌다. 하지만 그녀는 철저하지 못한 이 입장의 한계를 지적하며, 이를 '게으른'(lazy) 비경쟁적 입장이라고 부른다. 이 '게으른 비경쟁적 입장'은 적어도 세 가지 이유에서 그것의 지적 기반을 위협한다.

첫째, 이 입장은 과학과 종교 사이의 해석학적 경계를 철저하게 구분지음으로써 순수한 과학의 영역만을 고수한다. "나는 이 가설이 필요없다"는 말과 함께 신의 존재를 의도적으로 배제했던 프랑스의 천문학자이자 수학자 라플라스(Pierre-Simon Laplace)는 이 입장이 신에 대해 어떠한 태도를 취하는지를 잘 보여 준다. 신은 과학적 증거가 될 수 없으며, 따라서 과학의 영역에서는 불필요한 존재다. 둘째, 과학과 신학의 사이의 경계 짓기는 교회와 국가의 분열을 강화한다. 종교적 이슈들을 사적이고 주관적인 영역에 종속시킴으로써 공적이고 합리적인 영역에서 배제한다.[8] 따라서 종교적 문제

---

8   코클리는 하버드 대학교 재직시절, 자신이 학부 과정의 핵심 커리큘럼으로 "이성과 종교"라는 과목을 제안했을 때 과학 관련 교수들이 이를 강하게 반대하는 것을 경험했다고 술회한다. 이는 종교를 공적이고 합리적인 영역에서 다루는 것에

는 개인의 영역으로 축소되며, 더 이상 국가적 차원에서는 다루어지지 않는다. 셋째, 이와 관련하여, 종교적 믿음도 이성적이고 합리적인 것이기보다는 개인적이고 감정적인 것으로 치부된다.

코클리는 '게으른 비경쟁적 입장'이 가진 이러한 약점에도 불구하고 그것이 하나님의 섭리와 진화의 과정을 비경쟁적으로 본다는 점에 주목한다. 그녀는 진화에서 발견되는 세 번째 원칙인 '협력'(cooperation)을 통해 이 입장이 수정, 보완된다면 진화와 하나님의 섭리를 포괄적으로 이해하는 새로운 패러다임이 구성될 수 있을 것이라 여긴다. 이를 위해 수학자이자 진화생물학자인 마틴 노왁을 소환한다. 그는 전통 진화론이 주장하는 진화의 두 원칙인 '선택'(selection)과 '변이'(mutation)에 더하여 세 번째 원칙인 '협력'을 제안한다. 그에 따르면 협력은 진화를 위한 가장 효과적인 설계자이다. 그렇기에 "세포에서 사회에 이르기까지 복잡한 실체들을 만들어 내기 위해서는 세 번째 요소, 즉 협력이 있어야 한다."[9]

과학과 신학의 경계 가로지르기

코클리는 '협력'이라는 개념이 두 가지 관점, 즉 과학과 신학의 관점

대한 일반적인 거부감을 잘 보여 주는 예라고 할 수 있다. Ibid.

9   마틴 노왁·로저 하이필드, 『초협력자: 세상을 지배하는 다섯 가지 협력의 법칙』, 허준석 옮김(서울: 사이언스북스, 2012), 45.

에 의해 상호 보완적으로 이해될 수 있다고 말한다. 두 관점의 변증법적 상호 작용은 이 세계에 대한 진화적 이해와 섭리적 이해를 모순 없이 양립시킴으로써 '게으른 비경쟁적 입장'의 한계를 보완한다는 것이다.

그녀는 여기서 진화생물학과 철학적 신학을 연결하는 새로운 관계 모델을 제안한다. 이 모델에서 과학과 신학은 상호 보완적인 대화를 할 수 있다. 과학은 진화의 과정을 논리적으로 설명할 수는 있지만 그 목적과 지향점에 대해서는 말할 수 없다. 과학이 답할 수 없는 이러한 '한계 질문'에 신학은 적절한 대답을 제공한다.

노왁의 연구가 보여 주는 것처럼, 협력이라는 원리는 박테리아 단계에서부터 진화의 과정에 깊이 내재되어 있다. 이 협력은 약육강식, 적자생존과 같은 진화론의 부정적인 이미지를 수정한다. 진화의 과정에서 불가피하게 희생자 혹은 낙오자가 발생하지만, 여기에는 개인주의와 고립주의를 넘어서는 공동체주의적 요소들이 포함되어 있다. 따라서 진화론이 우리 사회의 무한경쟁과 승자독식을 정당화한다는 생각은 과학적 사실에 부합하지 않는 일종의 편견이다. 오히려 최근의 과학적 연구들은 협력, 희생, 용서와 같은 다분히 윤리적인 가치들이 진화의 중요한 동력이라는 사실을 보여 준다. 또한 고등동물일수록 다른 개체를 돕고자 하는 욕망이 크다는 사실도 밝혀낸다. 요컨대, 우리는 과학적 관찰을 통해, 진화가 윤리적 가치들을 보다 고차원적이고 의지적인 형태로 발전시켜 왔음을 확인하게 된다.

나아가 신학의 관점은 진화에서 발견되는 협력이 궁극적으로 무엇을 지향하는지를 보여 준다. 코클리는 진화의 과정에서 나타나는 협력을 자기희생이라는 최종적 단계에 이르기 위한 하나의 자연적 준비 단계로 이해한다. 즉 협력은 궁극적으로 자기희생이라는 숭고한 도덕적 행위를 향해 발전해 간다는 것이다. 신학의 관점에서 보자면, 이는 근원적으로 삼위일체적이고 성육신적인 하나님의 섭리 안에 있는 것이라 할 수 있다.

물론, 이와 같은 협력에 관한 도덕적/목적론적 논쟁이 하나님의 존재를 연역적으로 증명할 수는 없을 것이다. 무신론적인 진화생물학자들은 하나님 섭리에 관한 형이상학적 사유의 필요성에 계속해서 의문을 제기할 것이다. 하지만 적어도 이것은 성육신적 하나님, 즉 피조물들의 아픔과 고통에 공감하시고 그들에게 친밀하게 관여하시는 하나님을 이해하기 위한 고려 사항이 될 수 있다.

협력을 이해하는 이 두 측면을 종합적으로 수용한다면, '게으른 비경쟁적 입장'은 과학과 종교, 이성과 감정, 합리성과 신비, 이론과 실천의 경계를 넘나드는 보다 풍성한 담론으로 확장될 것이다. 나아가 계몽주의 이후 과학-종교 논쟁을 지배해 왔던 은밀한 이신론의 하나님이 아니라, 피조물로부터 절대적으로 초월해 계시면서도 동시에 그것에 급진적으로 내재하시는 삼위일체적이고 성육신적인 하나님이 이 세계의 진화를 이끌어 가고 계심을 보게 될 것이다.

부록

케노시스론의 페미니스트 신학적 함의[1]
새라 코클리의 케노시스론을 중심으로

I. 들어가는 말

시대가 변하였지만 한국 사회에서 육아와 가사 노동은 오롯이 여성의 몫으로 치부된다. 여성의 본질적 가치를 가부장적 사회 질서에 의해 규정된 모성으로 환원시킴으로써 한국 사회는 가족을 위한 자기희생과 섬김을 여성이 마땅히 갖추어야 할 최고의 미덕인 듯 포장한다. 여성에게 요구되는 희생의 강도로 한국 사회에서 발생하는 성차별의 정도를 가늠해 볼 수 있다. 가족과 남성을 위해 여성이 희생을 감내해야 한다는 가부장적 사고는 여전히 한국 사회를 견고하게 지탱하는 지배 이데올로기이다.

한국 개신교회의 현장으로 들어가면, 이러한 가부장적 사고는 한

---

[1] 본 글은 필자의 2018년도 연세대학교 박사학위논문 「케노시스론의 페미니스트 신학적 재구성: 사라 코클리의 케노시스론에 대한 비판적 분석과 평가를 통하여」를 발췌·재구성한 것이다. 같은 글이 『한국조직신학논총』 54 (2019)에 실렸다.

층 노골화된다. 아직도 한국 교회의 설교 강단에는 "여자는 교회에서 잠잠하라", "여자의 할 일은 단지 순종하고 인내하는 거야", "여자는 말 많은 존재라서 전도하면서 떠들면 돼" 등과 같은 성차별적이고 여성 비하적인 표현이 난무한다.[2] 교회 안에서 신앙이란 이름으로 채색된 희생, 겸손, 섬김, 베풂 등의 가치는 여성을 가부장적 질서 안에 가두기 위한 여성 억압적 윤리의 요소가 되어 버렸다.[3]

이런 맥락에서 '자기비움'(kenōsis)[4]이라는 그리스도교 윤리가 여성들에게 어떠한 의미를 지니는지 새삼 묻지 않을 수 없다. 가부장

2   다음의 논문은 성차별적 설교가 난무하는 한국 개신교의 현주소를 잘 보여 준다. 강호숙, 「개혁교회 내 성차별적 설교에 대한 여성 신학적 고찰: 성차별적 설교의 정의와 기준 마련 및 복음적 설교에 대한 여성 신학적 접근」, 『한국기독교신학논총』 102 (2016), 301-326.

3   조앤 매리 테럴(JoAnne Marie Terrell)은 희생이란 이름으로 정당화되어 왔던 교회 폭력의 역사를 정리하면서 다음과 같이 결론짓는다. "교회는 국가와 교회 제도의 억압적인 정책들을 정당화하기 위해서 억압자들에 동조함으로써, 그리고 피지배층 사람들에게 희생의 해석학을 강요함으로써, 역사적으로 학대(abuse)를 용인하고, 그것을 영속화시키는 잘못을 저질렀다." JoAnne Marie Terrell, "Our Mothers' Gardens: Rethinking Sacrifice," in Cross Examinations: Readings on the Meaning of the Cross Today, ed. Marit Trelstad (Minneapolis: Fortress, 2006), 40.

4   우리말 '자기비움'으로 번역되는 헬라어 '케노시스'(κένωσις)는 빌립보서 2장 1-6절의 이른바 "그리스도 찬가"에서 사용된 동사 "κενόω"(kenoō, 케노오)의 명사형이다. 이 용어가 본격적으로 신학적 주제로 등장하기 시작한 것은 19세기 중반 독일의 루터파 신학자들에 의해서다. 특별히 고트프리트 토마시우스(Gottfried Thomasius)는 하나님이 자신의 신적 속성들을 '벗어 버리는 것'(divestment)을 가리켜 '케노시스'라 명명하였다. 다음을 참고하라. Kelly M. Kapic and Bruce L. McCormack, Mapping Modern Theology: A Thematic and Historical Introduction (Grand Rapids: Baker Academic, 2012), 163-166. 『현대신학 지형도: 조직신학 각 주제에 대한 현대적 개관』, 박찬호 옮김(서울: 새물결플러스, 2016).

적 체제 안에서 발전해 온 그리스도교 신학이 케노시스 개념을 여성을 억압하고 착취하기 위한 수단으로 이용해 왔음은 부인할 수 없는 사실이다. 따라서 일부 페미니스트 신학자는 이 개념이 마땅히 폐기돼야 한다고 주장한다. 하지만 이를 가부장적 이데올로기의 소산으로 단정하고 해체하는 것은 정당한 처사일까? 예수 그리스도가 십자가에서 보여 준 자기희생적 사랑과 섬김은 여성에게 어떠한 윤리적 함의도 없을까? 로드니 스타크(Rodney Stark)에 따르면, 초대 그리스도인들의 헌신적 희생과 섬김은 그리스도교의 폭발적 성장의 원인이었다. '서로 사랑'을 하나님의 최고의 명령으로 여겼던 초대 그리스도인들은, 이교도들과 달리, 역병이 창궐했을 때에 전염의 위험을 무릅쓰고 역병 환자들을 헌신적으로 돌보고 섬겼다. 즉 "그리스도인들은 **모든 사람**을 돌본다는 그들의 이상을 실천했고, 많은 이교도들은 그리스도인 이웃 덕분에 목숨을 건질 수 있었다."[5] 이렇게 자기희생, 섬김과 헌신 등의 가치는 그리스도교의 태동과 성장에 직접적으로 잇닿아 있다. 이러한 점에서 보자면, 케노시스는 손쉽게 해체해 버릴 수 없는 교회사적, 신학적 함의를 갖고 있다.

케노시스가 그리스도교의 핵심적 가치를 반영하고 있다면, 그래서 여성들에게도 여전히 유의미한 담론이라고 한다면, 이는 페미니

---

[5] Rodney Stark, *The Rise of Christianity: How the Obscure, Marginal Jesus Movement Became the Dominant Religious Force in the Western World in a Few Centuries* (New York: HarperCollins, 1996), 90. 강조는 원저자의 것. 『기독교의 발흥: 사회과학자의 시선으로 탐색한 초기 기독교 성장의 요인』, 손현선 옮김(서울: 좋은씨앗, 2016).

즘의 관점에서 다시금 이해되고 해석될 필요가 있다. 이 논문의 목적은 기존 남성 중심적 케노시스론(kenotic theory/kenoticism)의 문제점을 지적하고, 그것을 페미니스트 신학의 관점에서 재해석하는 데 있다. 이를 위해 케노시스 개념에 대한 다양한 페미니스트 신학의 관점들을 비판적으로 평가하고 종합하는 새라 코클리의 케노시스론에 주목하고자 한다.

II. 케노시스론에 대한 페미니스트 신학의 비판과 수용

1. 케노시스론에 대한 페미니스트 신학의 비판

여성에게 케노시스 교리는 양면적인 가치를 지닌다. 그것은 한편으로 여성에게 타자를 위한 자기희생적 사랑과 돌봄이라는 윤리적 가치를 고무시키기도 하지만, 또 다른 한편으로는 순종, 겸손, 희생 등의 덕목을 강요함으로써 남성 중심주의를 강화하는 지배 이데올로기로 이용되기도 한다. 이러한 맥락에서, 페미니스트 신학은 케노시스와 관련하여 다음과 같은 질문을 던지지 않을 수 없다. "페미니스트 신학은 케노시스적으로 이해될 수 있는가?"[6] "케노시스 개념은 사회 정의를 위한 투쟁과 체계적으로 구조화된 억압과 불평등에 대

---

6   Marta Frascati-Lochhead, *Kenosis and Feminist Theology: The Challenge of Gianni Vattimo* (Albany: State University of New York Press, 1998), 158.

한 저항에 어떻게 도움을 줄 수 있는가?"[7] "페미니스트는 케노시스 신학을 지지할 수 있는가? 신학적으로 자기희생의 가치를 그리스도교의 중심에 두는 신학은 여성의 권리 신장과 자기주체성을 옹호하는 페미니즘에 필연적으로 반하는 것인가?"[8] "케노시스는 희생당하며 살아온 사람들에게 어떠한 긍정적인 의미를 줄 수 있는가?"[9] "케노시스의 개념은 여성들에게 유용한 패러다임인가?"[10]

사실 20세기 후반까지만 해도, 이러한 질문에 대해서 대다수의 페미니스트들은 케노시스 신학이 여성의 무력함과 취약함을 정당화하는 가부장적, 남성 중심적 이데올로기로 역할을 해 왔다고 대답했다. 가부장제의 산물인 케노시스 윤리는 페미니즘과 양립할 수 없다는 것이다. 가령, 메리 데일리는 자기희생, 복종, 겸손 등과 같이 십자가의 케노시스가 배태한 그리스도교적 덕목들을 강하게 거부한다. 그녀는 주저 『하나님 아버지를 넘어서』에서 다음과 같이 말한다.

---

7   Aristotle Papanikolaou, "Person, Kenosis and Abuse: Hans Urs von Balthasar and Feminist Theologies in Conversation," *Modern Theology* 19/1 (2003), 46.

8   Ruth Groenhout, "Kenosis and Feminist Theory," in *Exploring Kenotic Christology: The Self-Emptying of God*, ed. C. Stephen Evans (Vancouver: Regent College Publishing, 2010), 291.

9   Carolyn A. Chau, "'What Could Possibly Be Given?': Towards an Exploration of Kenosis as Forgiveness—Continuing the Conversation between Coakley, Hampson, and Papanikolaou," *Modern Theology* 28/1 (2012), 1.

10   Hannah R. Stewart, "Self-Emptying and Sacrifice: A Feminist Critique of Kenosis in Philippians 2," *Colloquium* 44/1 (2012), 106.

특별히 여성들에게, 그리스도교가 이상화하는 가치들은 희생적 사랑, 고통에 대한 수동적 수용, 겸손, 온유 등과 같이 모두 희생과 관련된 것들이다. 이러한 것들은 '우리의 죄를 위해 죽은' 예수 안에서 이상화된 것이기 때문에, 모델로서의 예수의 역할은 여성들에게 희생양 증후군(scapegoat syndrome)을 강요하는 것이다. 성차별적 사회에서 희생자가 된 여성들의 상황을 고려해 본다면, 이러한 '덕목들'(virtues)은 여성들에게 거의 필요가 없는 가치이다.[11]

엘리자베스 쉬슬러 피오렌자도 동일한 맥락에서 케노시스 그리스도론에 근거한 자기희생의 이데올로기를 다음과 같이 비판한다.

여성들에게 자기내어줌(self-giving)의 사랑으로서의 십자가 신학은 순종의 신학보다 훨씬 해롭다. 이러한 십자가 신학은 자신의 가족을 위해서 자기희생적 사랑을 실천하도록 하는 '여성의' 문화 소명(calling)과 결탁하기 때문이다. 그래서 그것은 사랑과 자기희생이라는 명분 아래 모든 여성에 대한 착취를 심리적으로 합리화하며 종교적으로 정당화한다.[12]

---

11 Mary Daly, *Beyond God the Father: Toward a Philosophy of Women's Liberation*, 77.

12 Elizabeth Schüssler Fiorenza, *Jesus: Miriam's Child, Sophia's Prophet: Critical Issues in Feminist Christology* (New York: Continuum, 1994), 102.

들로레스 윌리엄스 역시 우머니즘(womanism)의 관점에서 케노시스 그리스도론이 흑인 여성들에게 어떤 영향을 미쳤는지를 논하면서, 예수의 십자가 죽음에 초점이 맞춰진 자기희생적 관념들이 아프리카계 미국인 여성들의 삶에 도움이 되지 않는다고 주장한다. 그녀에 따르면, 자기희생적 관념들은 흑인 여성들에게 '대리모-하나님'(surrogate-God)이라는 왜곡된 신 이미지를 제공하고, 나아가 "그 이미지가 그들의 대리모 행위(surrogacy) 경험들을 수반하는 착취를 지지하고 강화"하도록 한다.[13] 여기서 대리모 행위는 백인들을 대신하는 흑인 여성들의 육체노동을 가리킨다. 그렇기에 소위 정통 대속 이론을 흑인 여성들이 받아들이게 된다면, 백인을 대신했던 그들의 대체 노동은 정당한 것이 되어 버리고 만다. 그녀에 따르면, 인간의 구원은 예수의 십자가 희생과 죽음에서 비롯한 것이 아니라, 모든 생명을 풍요롭고 평화롭게 하는 그의 "생명의 목회적 비전"(ministerial vision of life)에서 비롯한 것이다.[14] 십자가는 이러한 예수의 비전을 거부하는 인간의 죄를 가리키는 것이지 구원을 가리키는 것이 아니다. 케노시스와 희생에 근거한 구원의 교리는 예수가 삶으로 보여 주었던 생명의 비전에 반하는 것으로서, 이는 단지 흑인 여성들을 대리모로 소비하기 위한 백인 남성의 지배 전략일 뿐이다.

---

[13]   Delores S. Williams, *Sisters in the Wilderness: The Challenge of Womanist God-Talk* (Maryknoll: Orbis, 1993), 162.

[14]   Ibid., 167.

보다 체계적으로 그리고 강력하게, 다프네 햄슨(Daphne Hampson)은 케노시스론 안에는 성차별적이고 가부장적인 요소들이 있다고 주장한다. 그녀는 케노시스를 여성을 위한 유용한 자원으로 보는 코클리와의 논쟁을 통해, 자신의 반(反)케노시스적 페미니스트 신학을 발전시켰다. 그녀에 따르면, 남성의 원죄는 '교만'인 반면 여성의 원죄는 '자존감의 결핍'이다. 케노시스는 남성의 원죄인 교만과 대비되는 것이기에, 남성에게 유의미한 덕목이다. 하지만 이를 여성에게 동일하게 요구하는 것은 부당하다. 여성은 자신의 원죄를 극복하기 위해서 건강한 자아감 혹은 자기실현과 같은 덕목을 추구해야 한다. 자기포기나 자기비움은 여성들에게 결코 유익한 덕목일 수 없다.

그러므로 나는 힘 포기의 패러다임, 즉 무력함의 패러다임이 여성들에게 적절하지 않다고 제안하고 있다. 여성에게 필요한 것은 그 자신을 실현하는 것이다. 힘을 공급받아야 할 필요가 있는 여성의 현실을 고려해 볼 때, 죽음을 통해서 새 생명을 얻게 된다는 모델이 과연 그들에게 적절하겠는가? … 나는 그렇게 생각하지 않는다. 만약 여성의 문제가 자기폐쇄적(self-enclosed) 자아에 관한 문제가 아니라면, 즉 교만한 자아를 깨뜨려야 하는 문제가 아니라고 한다면, 오히려 그 반대, 자존감 결핍의 문제라고 한다면(길리건[Gilligan]은 이를 자아 차별의 문제라고 불렀다), 자기를 깨뜨리는 모델은 매우 부적절하다. 여성에게 필요한 것은 자기 자신이 되는

것, 그리고 자기에 대한 온전한 존중감을 갖는 것이다.[15]

요컨대, 케노시스는 고립적이고 자폐적이며 자족적인 남성적 주체를 성찰하고 반성하기 위해 고안된 남성들의 이데올로기다. 그래서 햄슨은 케노시스를 "남성적 사유의 대항-주제"(counter-theme)로 규정한다.[16] "남성들은 자신의 문제를 매우 잘 아는 것처럼, 그 대항-모델(counter-model)을 그렇게 요구한다"는 것이다.[17] 그러므로 페미니스트 신학에서 "자기비움과 자기포기라는 주제는 유용한 패러다임이 아니다."[18] 작금의 남성 중심적 사회에서 억압받고 있는 여성들의 현실을 고려해 본다면, 케노시스는 결국 자신의 권리를 확장하기 위해 분투하는 여성들에게 왜곡된 죄책감을 안겨 주는 논리가 되고 만다. 따라서 페미니스트 신학이 케노시스를 받아들이는 것은, 마치 "생선 가시를 삼키는 것"(to swallow a fishbone)과 같다.[19] 여성들이 우선적으로 추구해야 할 덕목은 '힘의 포기'나 '자기부정'이 아니라 '힘의 획득' 혹은 '자기실현'이다.

---

15 Daphne Hampson, "On Power and Gender," *Modern Theology* 4/3 (1988), 240-241.

16 Daphne Hampson, *Theology and Feminism* (Oxford: Blackwell, 1990), 155.

17 Hampson, "On Power and Gender," 239.

18 Hampson, *Theology and Feminism*, 155.

19 Daphne Hampson, "On Autonomy and Heteronomy," in *Swallowing a Fishbone? Feminist Theologians Debate Christianity*, ed. Daphne Hampson (London: Society for Promoting Christian Knowledge, 1996), 1.

햄슨은 페미니즘을 "성숙한 인간관계의 가능성에 대한 요청"으로 정의한다.[20] 이러한 성숙한 인간관계는 "서로가 서로를 조건 짓는" "중심성(centeredness)과 개방성(openness)"을 통해서 가능해진다.[21] 다시 말해, 타자를 향한 우리의 '개방성'은 우리의 '중심성'에서 비롯하며, 역으로 우리의 '중심성'은 타자를 향한 '개방성'에서 기인한다. 그래서 햄슨에게 페미니즘의 목표는 "사람들이 그 스스로 중심에 서고, 서로를 향해 자신을 개방하는 것"이다.[22] 우리가 중심이 되기 위해서는 무엇보다도 우리 자신이 타율성과 의존성을 버림으로써, 자율적이고 자립적인 주체로 서야 한다. 하지만 자기비움과 자기상실 등의 가치를 강조해 온 전통적 그리스도교는 "온전한 인간의 자율성을 허락할 수 있는 종교가 아니다."[23] 그리스도교는 오랜 전통 속에서 하나님, 그리스도, 성서, 교회의 권위 등에 의존하고 복종할 것을 강요해 왔다. 이러한 점에서, 남성 지배적 세계 속에서 타율적 실존을 극복하고 자율성을 확장하기 위해서 고군분투하는 여성에게 케노시스는 의미 있거나 유익한 개념일 수 없다.

---

20 Ibid., 2.

21 Papanikolaou, "Person, Kenosis and Abuse," 44.

22 Hampson, "On Autonomy and Heteronomy," 2.

23 Ibid.

2. 케노시스론에 대한 페미니스트 신학의 수용

하지만 이 시기의 모든 페미니스트 신학자가 케노시스 전통 자체를 가부장제의 산물로 본 것은 아니다. 예를 들어, 1980년대에 로즈마리 류터는 주저인 『성차별과 신학』(Sexism and God-Talk)에서 케노시스라는 용어를 페미니즘의 관점에서 재형상화함으로써 그것을 가부장적 사회 시스템을 전복하기 위한 페미니즘적 은유로 사용한다. 케노시스의 대상을 단순히 '힘'으로 여겼던 햄슨과 달리, 류터는 그 대상을 가부장제를 포함한 모든 억압적 체제로 여긴다. 그녀는 이 책에서 "하나님 아버지의 케노시스"(The Kenosis of the Father)라는 제목의 이야기로부터 자신의 페미니스트 신학을 개진한다.[24] 류터가 자신의 신학 체계 서론을 케노시스로 시작하는 것은 결코 단순한 배열이 아니다. 이는 그리스도교 전통에서, 특별히 케노시스 전통에서 가부장제의 해체가 시작될 수 있다는 것을 보여주기 위한 류터의 신학적 전략이다.[25]

이 이야기의 서두에서, 천상에 계신 하나님 아버지는 인간들의 혼돈과 방황을 보면서 지상 세계를 매우 염려한다. 하나님은 이러한 인류의 문제가 자신의 가부장적이고 억압적인 통치에서 비롯했

---

24 Rosemary Radford Ruether, Sexism and God-Talk: Toward A Feminist Theology (Boston: Beacon Press, 1983), 1-11. 『성차별과 신학』, 안상님 옮김(서울: 대한기독교출판사, 1985).

25 Frascati-Lochhead, Kenosis and Feminist Theology, 199.

다고 자책한다. 하나님은 다음과 같이 반성한다.

> 나와 지상의 왕들은 서로가 너무나 가깝게 닮아 버리고 말았다.
> 그들은 나를 아버지, 주 혹은 통치자 등으로 부르면서 내가 하늘
> 나라를 다스리듯이 그들이 지상을 다스릴 권력을 요구한다. 그들
> 의 발아래에서 온갖 계급의 노예들이 마치 천사들이 내 앞에서
> 절하는 것과 똑같이 엎드려 절을 한다. 남자는 나의 예(example)
> 를 본받아서, 지상에서 여자에게 그들의 위치를 가르친다. 땅과
> 하늘에서의 이러한 위계는 우리가 감히 알지 못하는 다른 어떤
> 실재들(realities)을 숨기고 있는 하나의 허울(facade)이자 망상
> (delusion)일지 모르겠다.[26]

하나님은 이러한 자기성찰로부터 "하나님이 되는 다른 길"을 선
택한다. 즉 "권세 있는 자들을 권좌에서 끌어내리고, 억압당하는 자
들을 옹호하며, 감옥에 갇힌 자들을 풀어 주기 위해" 하나님은 가부
장적인 자기 자신을 비우신다.[27] 빌립보서 2장의 그리스도 찬가가
보여 주는 것처럼, 하나님 아버지는 자발적으로 그리스도의 성육신
속에서 스스로 종이 되신다. 이 이야기를 통해서 류터는 성육신과
함께 나타난 하나님 아버지의 케노시스가 가부장제의 폐지를 요

---

26 Ruether, *Sexism and God-Talk*, 2-3.

27 Ibid., 9.

구하고 있다고 주장한다. 마르타 프라스카티-록헤드(Marta Frasca-ti-Lochhead)에 따르면, 『성차별과 신학』에 나타난 하나님의 케노시스 이야기의 전략적 목적은 "사회정치적 종교 위계질서 속에서 표현되고, 그것에 의해서 젠더화된 폭력과 대상화(objectification), 즉 하나님과의 관계 속에 있는 남성에 의해 행해진 대상화" 모두를 드러내는 것이다.[28]

더욱이 류터는 복음서에 나타난 예수의 삶을 "가부장제의 케노시스"로 이해한다. 그녀는 "일단 공관복음서의 예수에게서 메시아로서 또는 신적 로고스로서 전통적인 남성 이미지의 신화를 벗겨 낸다면, 예수가 페미니즘과 매우 잘 어울리는 존재라는 사실을 알게 될 것"이라고 말한다.[29] 다시 말해, 공관복음서에 나타난 예수의 종교적, 사회적 비판은 페미니즘의 주장과 공명한다는 것이다. 복음서가 증언하듯이, 예수는 기존의 위계적, 가부장적 사회 질서에 저항하고 고아와 과부와 이방인과 가난한 자의 목소리를 대변하는 '예언자적 비전'(prophetic vision)을 보여 주었다. 예수의 이 비전 속에서, "억압받는 자 중 억압받는 자"인 여성은 "하나님의 새로운 질서"를 상징하는 존재가 되었다.[30] 예수는 '처음 된 자가 나중 될 것'이라는 급진적 선포와 함께, 여성에게 남성 중심적 기득권과 가부장적 사회 질서를 전복시키기 위한 새로운 이미지를 부여한 것이다. 이러한 맥락

---

28   Frascati-Lochhead, *Kenosis and Feminist Theology*, 199.

29   Ruether, *Sexism and God-Talk*, 135.

30   Ibid., 136.

에서, 예수의 죽음은 가부장적 사회 질서를 해체하고 하나님 나라의 새 질서를 창조하기 위한 그의 급진적 행동의 결과로 이해될 수 있다. 그러므로 예수의 복음은 가부장주의와 남성 중심주의에 저항하는 케노시스의 메시지를 함의하고 있다고 할 수 있다.

> 해방자로서의 예수는 사회적 특권과 빈곤을 결정하고 있는 사회적 신분 관계(status relationships)의 그물망을 부인하고 해체할 것을 요구한다. … 신학적으로 말해서, 우리는 예수의 남성성(male-ness)이 궁극적인 중요성을 갖지 못한다고 말할 수 있다. 그것은 가부장제라는 특권적 사회 구조 내에서 사회적으로 하나의 상징적인 중요성을 갖고 있는 것이다. 이러한 점에서, 해방된 인간성과 하나님의 해방하는 말씀을 나타내는 그리스도로서의 예수는, 계급 사회의 특권을 해체하고 낮은 자를 대변하는 삶의 방식을 통해, **가부장제의 케노시스**(*kenosis of patriarchy*)와 새로운 인간성을 선포하고 있다. … 거처가 없던 유대의 예언자 예수와 그를 따랐던 소외된 여성과 남성은 기존 세계 질서의 전복과, 하나님의 뜻이 이 땅에서 이루어지는 새 시대 도래의 징조를 암시하고 있다.[31]

2000년대에 들어서면서, 케노시스에 대한 페미니즘의 시각이 조금씩 달라지기 시작했다. 소수의 의견으로 치부되었던 류터의 케노

---

31   Ibid., 137-138. 강조는 원저자의 것.

시스론에 일부 페미니스트 신학자들이 동조함으로써 케노시스를 여성에게 유용한 패러다임으로 해석하기 시작한 것이다.

예를 들어, 루스 그룬하웃(Ruth Groenhout)은 페미니즘의 관점에서 케노시스 전통을 긍정적으로 평가한다. 그녀는 페미니스트들의 관심과 케노시스의 윤리가 모순적이지 않다고 주장한다. 오히려, 그녀에 따르면, "그들[페미니스트들]은 자신들의 페미니즘 이론에 부합하기 위해서 자기희생의 분명한 형식을 지지하는 것이 필요하다."[32] 페미니스트들이 케노시스를 반대하는 중요한 이유는, 그것이 '여성들의 건강한 자아감 형성'이라는 페미니즘의 목표와 충돌하기 때문이다. 하지만 그룬하웃은 케노시스를 새롭게 해석하고 정의한다면 페미니스트들이 그것을 자신의 이론과 모순됨 없이 받아들일 수 있을 것이라고 말한다.[33] 그녀는 '자기희생'을 "타자를 위해 혹은 다른 선을 위해 자기를 포기하는 것"으로 규정함으로써,[34] 이를 '목적 없는 자기포기'(self-abnegation)와 구분한다.[35] 그녀에 의하면, 참된 자기희생은 건강한 자기존중감에서만 비롯될 수 있다. 예를 들어, 복음서에 타나난 예수의 자기희생적 사랑은 하나님의 아들이라는 건강한 자기정체성에서 기인한다. 그러므로 "적절하게 이해된 자기희생은 비워질 수 있는 자아의 가치에 대해서 건강한

---

32   Groenhout, "Kenosis and Feminist Theory," 291.

33   Ibid., 292.

34   Ibid., 298.

35   Ibid., 311.

인식을 갖도록 한다."[36]

캐럴린 차우(Carolyn A. Chau) 역시 케노시스를 가부장적 이데올로기로 보는 페미니스트 신학에 문제를 제기한다. 그녀는 구체적으로 햄슨의 케노시스 비판을 반박한다. 차우에 따르면, 햄슨의 오류는 죄의 개념을 지나치게 강조한 데서 비롯한다. 즉 햄슨은 은혜로 극복할 수 없는 거대한 사회적 죄를 상정함으로써 케노시스의 공간을 없애 버렸다는 것이다.[37] 이러한 맥락에서, 차우는 그것을 죄를 극복하는 은혜의 사건, 즉 '용서'로 해석한다. 그녀에 의하면 용서는 "자기내어줌의 궁극적인 표현"이다.[38] 그것은 자기를 '부정'(negation)하는 것이 아니라, 두려움을 비워 내는 것이고, 자기의 것을 몸소 '나누는 것'(donation)이다. 그러므로 용서로서의 케노시스는 가부장제라는 거대 악에 순응하는 태도라기보다는 그것을 적극적으로 극복하려는 시도라 할 수 있다.

애나 메르세데스(Anna Mercedes)도 동일한 맥락에서 케노시스를 가부장제와 억압적 체제에 맞서기 위한 저항의 수단으로 이해한다. 그녀는 특별히 케노시스의 사회적 측면을 강조한다. 그녀에 따르면, 케노시스가 활성화되는 장소는 예배와 기도가 이루어지는 영적 공간이 아니라, 다양한 삶이 부딪히는 사회적 공간이다. 따라서 케노시스가 창조하는 힘은 사회적 저항의 힘이다. 그녀는 힘의 종

---

36   Ibid., 303.

37   Chau, "What Could Possibly Be Given?" 9-10.

38   Ibid., 15.

류를 크게 세 가지, 즉 "타자를 지배하는 힘"(power over), "타자와 함께하는 힘"(power with), "타자를 위한 힘"(power for)으로 구분한다.[39] 우선 '타자를 지배하는 힘'은 근대적이고 가부장적인 사회에서 전형적으로 나타나는 힘이다. 즉 위계적 관계에서 위에 있는 사람이 아래에 있는 사람을 짓누르는 힘이다. 이와 달리 '타자와 함께하는 힘'은 지배 관계가 아닌 평등한 관계에서 비롯하는 것으로, 상호 간의 연대(solidarity)를 통해 드러난다. 하지만 이 힘은 비대칭적 관계에 있는 타자, 즉 낯선 타자와 취약한 타자를 수용하지 못한다는 한계를 지닌다. 이에 반해 '타자를 위한 힘'은 예수 그리스도가 이 땅에서 보여 주신 힘으로, 사회적 부정의와 차별에 저항하는 힘이다.[40] 케노시스는 이 힘을 가능하게 하는 근거이다. 메르세데스는 페미니스트 신학이 궁극적으로 이 힘을 추구해야 한다고 주장한다.

요약하면, 일반적으로 20세기 후반의 페미니스트 신학들은 케노시스론을 비판하고 해체하는 일에 초점을 맞춘다. 반면 21세기에 등장한 페미니즘의 새로운 흐름은 케노시스론을 비판적으로 재구성함으로써 페미니스트 신학의 중요한 주제로서 끌어안는다. 이 논문이 중점적으로 다루는 코클리의 케노시스론도 이러한 새로운 흐름 속에 있다. 보다 정확히 말하면, 코클리는 이러한 흐름을 선도한다. 하지만 그녀의 신학에는 케노시스를 긍정적으로 수용하는 일련의 페

[39]   Anna Mercedes, *Power For: Feminism and Christ's Self Giving* (New York: T&T Clark, 2011), 7-11.

[40]   Ibid., 9.

미니스트 신학들과 다른 중요한 차이점이 있다. 새로운 흐름 속에 있는 페미니스트 신학들은 대부분은 케노시스를 하나님의 본질적 속성으로 확장시키는 것에 대해 비판적으로 검토하지 않는다. 가령, 제니퍼 뉴섬 마틴(Jennifer Newsome Martin)[41]이나 애러스터틀 파파니콜라우(Aristotle Papanikolaou)[42]는 페미니즘 관점에서 케노시스를 다루면서, 그것을 하나님의 삼위일체적 관계의 핵심으로 본다. 즉 그들에게 케노시스는 삼위일체 하나님의 본질적 속성인 것이다. 앞서 언급한 그룬하웃, 차우, 메르세데스도 마찬가지로 케노시스를 신적 속성과 연결하는 것에 특별한 문제 제기를 하지 않는다.

이에 반해, 코클리는 케노시스를 반(反)페미니스트적(anti-feminist) 개념으로 보는 견해에 반대하면서도, 그것을 하나님의 속성으로 환원하지 않는다. 그녀에 따르면, 케노시스를 신적 속성으로 이해하는 것은 하나님을 본질적으로 무력한 존재로 축소함으로써 여성들에게 부적합한 신 이미지를 창조한다.[43] 그래서 그녀는 케노시스를 신적 속성으로 다루기보다는, 인간적 차원의 윤리로 다룬다. 우리가 따라야 할 케노시스의 모범은 하나님의 속성에서 비롯되는 것이 아니라 육체를 입은 그리스도가 이 땅에서 보여 준 삶에서 비롯되는 것이다.

---

41 Jennifer Newsome Martin, "The 'Whence' and the 'Whither' of Balthasar's Gendered Theology: Rehabilitating Kenosis for Feminist Theology," *Modern Theology* 32/2 (2015), 211-234.

42 Papanikolaou, "Person, Kenosis and Abuse," 41-65.

43 Sarah Coakley, *Powers and Submissions: Spirituality, Philosophy and Gender* (Maiden: Blackwell, 2002), 18.

III. 코클리의 케노시스론과 페미니스트 신학적 함의

1. 비(非)케노시스적 신성, 케노시스적 인성

케노시스 교리를 다루는 다른 페미니스트 신학자들과 비교해 보았을 때, 코클리의 입장은 매우 독특하다. 그녀는 빌립보서의 "그리스도 찬가"에 나타난 케노시스가 그리스도의 신성보다는 그의 인성과 관련되어 있다고 주장한다.[44] 나아가 '케노시스의 인간적 형식'만이 여성들의 힘을 북돋우는 데 유용한 모델이라고 논증한다. 그녀는 케노시스를 그리스도의 신성, 혹은 하나님의 본성까지 확장하는 것에 반대한다. 그것이 또 다른 차원에서 여성을 억압하는 기제가 된다고 보기 때문이다. 요컨대, 그녀에게 인간적 차원의 케노

---

[44] 코클리는 이와 관련하여 제임스 던(James D. G. Dunn)의 "그리스도 찬가"(빌 2:6-11) 해석에 주목한다. 던은 첫 사람인 아담과 두 번째 아담으로서의 예수 그리스도를 대조시키는 "아담 그리스도론"(Adam Christology)으로 "그리스도 찬가"를 해석함으로써, 그것의 초점이 그리스도의 신성의 포기가 아닌, 인간을 위해 자기 자신을 기꺼이 버리는 그의 사랑과 성품에 맞추어져 있다고 주장한다. 보다 자세한 내용은 다음을 참고하라. James D. G. Dunn, *Christology in the Making* (London: S.C.M Press, 1980), 107-128. 에릭 힌(Erik M. Heen), 찰스 탈버트(Charles H. Talbert)도 마찬가지로 이 찬가가 그리스도의 신성의 포기와 관련이 없다고 논증한다. 다음을 참고하라. Erik M. Heen, "Phil 2:6-11 and Resistance to local Timocratic Rule: *Isa theō* and the Cult of the Emperor in the East," in *Paul and the Roman Imperial Order*, ed. Richard A. Horsley (Harrisburg: Trinity Press International, 2004), 125-153; Charles H. Talbert, "The Problem of Pre-Existence in Philippians 2:6-11," *Journal of Biblical Literature* 86/2 (1967), 141-153.

시스는 페미니스트 신학의 관점에서 긍정적인 것인 반면, 신적 차원의 케노시스는 부정적인 것이다. 이러한 맥락에서 코클리는 "비케노시스적 신성(nonkenotic divinity)과 케노시스적 인성(kenotic humanity)을 연결하는" 독특한 케노시스론을 구성한다.[45]

앞에서도 말했듯이, 코클리는 케노시스 자체를 반(反)페미니즘적인 것으로 보는 다프네 햄슨에 반대한다. 코클리는 햄슨의 비판이 단지 케노시스에 대한 근대적, 철학적 이해에만 제한되어 있다고

---

[45] Mercedes, *Power For*, 32. "비케노시스적 신성, 케노시스적 인성"(nonkenotic divinity, kenotic humanity)은 애나 메르세데스가 코클리 케노시스론의 특징을 요약하면서 사용한 표현이다. 코클리 케노시스론의 특징은 슬라보예 지젝(Slavoj Žižek)의 '이중적 케노시스'(double kenosis) 개념과 비교해 볼 때 보다 명확하게 이해될 수 있다. 지젝은 그리스도의 케노시스를 신적 차원과 인간적 차원으로 구분한다. 즉 그리스도의 케노시스는 성육신이라는 "신의 자기소외"(God's self-alienation)와 십자가의 죽음이라는 인간의 "신으로부터의 소외"(alienation from God)의 두 층위를 갖는다. 그는 케노시스의 이러한 두 차원을 "이중적 케노시스"라고 부른다. 슬라보예 지젝·존 밀뱅크, 『예수는 괴물이다』, 배성민·박치현 옮김(서울: 마티, 2013), 98. 지젝과 대조적으로 코클리는 신적 차원의 케노시스를 거부한다. 인간적 형식의 케노시스(십자가의 죽음)만이 유의미하다는 것이다. 이는 다분히 성육신을 신성의 '상실'(loss)이 아닌 인간성의 '획득'(gain)으로 여겼던 전통 신학의 입장을 따른 것이다. 그녀에 따르면 성서적으로나 신학적으로나 케노시스는 그리스도의 십자가 사건을 가리키는 말이지 그의 육화를 가리키는 말은 아니다. 메르세데스는 코클리가 신적 차원의 케노시스를 거부한다는 의미에서 그리스도의 신성과 관련된 코클리 케노시스론의 특징을 "비케노시스적 신성"으로 표현한다. 즉 "비케노시스적 신성"은 그리스도의 신성이 그의 인성과 달리 비워지거나 손상되지 않음을 뜻하는 것이다. 다음을 참고하라. Sarah Coakley, "Kenosis: Theological Meanings and Gender Connotations," in *The Work of Love: Creation as Kenosis*, ed. John Polkinghorne (Grand Rapids: Eerdmans, 2001), 195. 「비움: 신학적 의미와 젠더적 함의」, 『케노시스 창조이론: 신은 어떻게 사랑으로 세상을 만드셨는가?』, 박동식 옮김(서울: 새물결플러스, 2015).

지적한다. 구체적으로 말하자면, "그녀의 공격 대상은, 20세기 초 특권적 배경을 가진 영국 신학자들의 사회적 의식(아마도 죄의식)에 의해 추동된 사변적인 '케노시스론'의 최근 형식이다."[46] 햄슨은 케노시스를 너무 편협하게 정의함으로써, 그것의 풍부하고 복잡한 함의들을 쉽게 간과해 버렸다. 비록 케노시스에 대한 근대적이고 철학적인 개념들이 페미니즘의 입장에서 분명 문제적이긴 하지만 모든 종류의 케노시스 담론이 페미니즘에 반(反)하는 것은 아니다. 코클리에 따르면, 케노시스는 "페미니즘과 양립 가능할 뿐만 아니라, 그것에 대한 그리스도교적 표명, 즉 '생명을 구원하기 위해 생명을 잃는다'는 영적 역설을 거부하지 않고 수용한다는 표명에 있어서도 매우 핵심적이다."[47]

물론 코클리는 케노시스 신학 안에 함축된 여성 억압적인 측면을 간과하지 않는다. 그녀는 "케노시스적 자기희생이 그리스도교 여성을 종속시키는 수단으로, 심지어는 학대하는 수단으로 오용될 수 있다는 부인할 수 없는 위험성"을 분명하게 인지한다.[48] 그럼에도 불구하고 그녀에게 케노시스는 여성들로 하여금 건강한 자기정체성을 갖도록 하고, 나아가 하나님과 연합할 수 있도록 하는 중요한 영적 자원의 역할을 한다. 그러므로 케노시스를 남성과 여성을 위한 공동의 영적 목표로 재해석하려는 시도와 케노시스 신학의

---

46 Coakley, *Powers and Submissions*, 11.

47 Ibid., 4.

48 Coakley, "Kenosis," 208.

위험성을 혼동해서는 안 된다.[49]

이런 점에서, 코클리는 기본적으로 "햄슨이 심각하게 고려하지 않았던 케노시스의 관점을 고쳐시키는" 로즈마리 류터의 입장에 동의한다.[50] 앞서 밝혔듯이, 류터는 "예수의 메시지와 예(example)가 가부장제의 케노시스를 나타내며" 또한 "그의[그리스도의] 윤리적 예에서 가부장제가 비워졌다"고 주장한다.[51] 코클리는 류터가 주장하는 가부장제의 케노시스가 남성 중심적 그리스도교 교리를 해체하고, 여성의 관점에서 그리스도론을 재구성하기 위한 중요한 신학적 함의를 지니고 있다고 본다. 그래서 코클리는 다음과 같이 말한다.

> 다시 말해, 예수의 취약성이 명확한 설명을 필요로 하는 철학적 난제가 아니라, 그저 주어진 중요한 이야기라고 한다면, '취약성'을 (특별한 종류의) '인간적' 강함이 아닌, '여성적' 약함으로 보아**야 하는**지에 대한 의문이 생긴다. 류터의 관점에서처럼, 예수는 '가부장적' 가치들을 **비우기** 위한 남성 메신저였을 것이다.[52]

하지만 코클리는 케노시스론을 페미니스트 신학의 관점에서 재

---

49   Ibid.

50   Coakley, *Powers and Submissions*, 11.

51   Ibid. 10.

52   Ibid., 25. 강조는 원저자의 것.

구성하고자 시도하고 있음에도 불구하고, 케노시스를 하나님의 내적인 본성으로까지 확장하는 것은 반대한다. 즉 류터와 달리 코클리는 전통적인 신 관념을 지지함으로써 신성의 케노시스를 거부한다. 코클리에게 케노시스를 신적 속성으로 파악하는 것은 "실질적으로 전능과 전지 같은 신성의 분명한 속성들을 포기하는 것이거나 '철회하는 것'(retracting)이다."[53] 더욱이 신적 차원의 케노시스는 힘의-북돋움이 필요한 여성들에게 적절한 신학적 개념이 아니다. 왜냐하면 그것은 "하나님을 인간의 크기로 축소함으로써" 그리고 "하나님을 생명체를 지탱할 수 없는 본질적으로 **무력한** 존재로 만듦으로써" 하나님이 더 이상 여성들을 위한 힘의-북돋움의 근원이 되지 못하게 하기 때문이다.[54] 따라서 그리스도의 케노시스는 그의 인간적 본성만을 예증할 뿐 그의 신적 본성을 반영하지는 않는다.

코클리는 그리스도의 케노시스를 신적 본성과 연결시키는 일련의 케노시스 담론들을 "새로운 케노시스론"(new kenoticism)이라고 부른다.[55] 그녀에 따르면, 페미니스트 신학의 관점에서 '새로운 케

---

53   Ibid., 18.

54   Ibid., 24. 강조는 원저자의 것.

55   Ibid., 30; '새로운 케노시스론'(new kenoticism)이란 용어는 존 맥쿼리(John Macquarrie)에 의해서 처음 사용되었다. 그는 '옛날 스타일 케노시스론'(old-style kenoticism)과 구분되는 '새로운 (스타일) 케노시스론[new(-style) kenoticism]'을 주장하였다. 이 용어를 사용하는 맥쿼리의 맥락과 코클리의 맥락에는 약간의 차이가 있지만, 기본적으로 새로운 케노시스론은 그리스도교 전통 속에서 다루어지지 않았던 신성의 비움과 겸손을 다루는 데서 연유한다. 다음을 참고하라. Mercedes, *Power For*, 31, 각주 83.

노시스론'은 케노시스 자체를 남성중심적 산물로 치부하는 '반(反)
케노시스론'(anti-kenoticism)만큼이나 문제적이고 심지어는 위험하
다. 코클리는 케노시스에 대한 서로 다른 두 종류의 해석, 즉 "새로
운 (신학적) 케노시스론"(new [theological] kenoticism)과 "분석적 (철
학적) 반케노시스론"(analytic [philosophical] anti-kenoticism)을 모두
비판한다.[56] 이러한 두 종류의 케노시스 담론은 모두 "비록 매우 다
르긴 하지만, 페미니스트 신학의 관점에서 볼 때 분명한 약점을 가
지고 있다."[57] 그녀는 이렇게 말한다.

> '새로운 케노시스론'은 '하나님'을 제한하고 약하게 만들며(그리
> 스도의 인간적 삶에서 그의 신성으로 직접적으로 이동하는 과정에 의해
> 서), 그래서 신의 변형적 '힘'의 위상을 위태롭게 만든다. 반면에
> 분석적 '정통주의'(orthodoxy)는 (자유의지론적[libertarian]) 신 이
> 미지로 만들어진 성차별적 '남성'의 대응물일 뿐인, 신의 '전능'과
> '지배'에 관한 어떤 비전에 지나치게 매달린다. 전자의 모델은 남
> 성 우월적 죄책감에 의해 발전한 듯하며, 후자의 모델은 검증되
> 지 않은 남성 우월적 가정에 의해 발전한 듯하다. 어느 것도 (햄슨
> 이 했던 것 이상으로는) (인간의) 약함 **안에서** 완전하게 만들어지는
> 강함의 가능성에 대해서(고후 12.9), 그리고 그리스도 안에서 자기

---

56   Coakley, *Powers and Submissions*, 30.

57   Ibid.

낮춤(self-effaced)의 인성과 소모되지 않는 신적 힘이 규범적으로 일치될 수 있는 가능성에 대해서 고려하지 않는다.[58]

요약하면, 코클리는 케노시스 자체를 페미니즘과 양립할 수 없다고 보는 '반케노시스론'과, 보다 급진적으로 케노시스를 신적 속성으로까지 확대하는 '새로운 (근대의) 케노시스론'을 모두 거부한다. 그 까닭은 새로운 케노시스론이 여성들에게 취약하고 무능한 신 이미지를 제공하는 반면, 반케노시스론은 케노시스 전통 속에 담긴 페미니즘적 함의를 무시해 버리기 때문이다. 이러한 맥락에서 코클리는 그리스도 안에 있는 자기를 비우는 인성과 전능함을 잃지 않는 완전한 신성을 연결하는 독특한 케노시스론을 주장한다. 그녀는 케노시스를 힘의-북돋움을 가능하게 하는 영적 근거로 재해석하기 위해서, 그리고 그 힘의 원천으로서의 전능한 신성을 보호하기 위해서, 인간적 형식의 케노시스만을 유의미하게 받아들인다.

2. 힘의 원천으로서의 케노시스: 관상기도 안에 있는 힘과 취약성의 역설

코클리에게 '비움'과 힘의 '채워짐'의 관계는 이율배반적이거나 모순적이지 않다. 코클리가 케노시스 개념을 중요한 신학적 주제로 다루는 이유는 "'힘'(power)과 '복종'(submission)이라는 일반적 이분

---

[58]   Ibid., 30-31.

법에 대해 다시 생각해 보기" 위함이다.[59] 코클리는 보다 구체적으로 자신의 케노시스론의 목적이 무엇인지 다음과 같이 설명한다.

> 여기서 나의 목적은 어떻게 무언의 기도가 강압적이지 않은 하나님의 힘이 나타나는 공간을 창조함으로써, 역설적으로 취약성과 개인적 힘의-북돋움을 **동시에** 가능하게 할 수 있는지를 보여 주는 데 있다. 그리고 나는 이것이 페미니즘의 특별한 그리스도교적 형식을 이해하는 데 중요하다고 생각한다.[60]

코클리는 '힘'과 '복종'의 관계를 '모순'(contradiction)이 아닌 '역설'(paradox)로 해석함으로써 하나님에 대한 복종이 참된 힘을 창조한다고 주장한다. 즉 "참된 하나님의 '힘의-북돋움'은 인간의 '취약성'이라는 **특수한** 형식 안에서 가장 방해 없이 발생한다."[61] 그녀의 케노시스론의 중심에는 "페미니즘적 '힘의-북돋움'의 비밀스런 근거를 유지시키는 … 하나님에 대한 항복(surrender)('복종'[submission])이라는 심연의 역설(profound paradox)"이 있다.[62] 그래서 그녀는 자신의 케노시스론의 핵심을 "힘과 취약성의 역설"로 규정하며, 이를 "취약성-안에-있는-힘"(power-in-vulnerability)이라는 정식으

---

59   Ibid., x.
60   Ibid., 5. 강조는 원저자의 것.
61   Ibid., 32. 강조는 원저자의 것.
62   Ibid., x.

로 표현한다.[63]

그녀의 '취약성-힘의 역설'은 "'(인간의) 약한 데서 완전하게 되는 능력'(고후 12:9)의 가능성, 즉 그리스도 안에서 이루어지는 '몰아적'(沒我的, self-effaced) 인성과 비폭력적(non-bullying) 신성의 규범적 일치의 가능성"에 기초한다.[64] 고린도후서에서 바울의 고백처럼, 코클리도 그리스도의 '십자가 케노시스'라는 조명 아래서 이 역설을 이해한다. 그녀에 따르면, 그리스도의 자발적 희생은 "'생명을 구원하기 위해서는 생명을 잃어야 한다'는 영적인 역설들"을 우리에게 보여 준다.[65] 그리스도의 복종과 취약성은 도리어 "특별한 종류의 인간적 힘"을 가리키는 것이다.[66] 그래서 코클리가 말하는 '취약성-안에-있는-힘'은 수동적이거나 순종적인 것이라기보다는 능동적이고 적극적인 것이며, 심지어 전복적인 것이다. 이는 단순히 가부장적이고 폭력적인 힘에 대한 반작용이 아니라 질적으로 완전히 다른 종류의 힘이다. 그녀에게 케노시스는 여성들로 하여금 하나님의 신비적 연합을 위해 자신을 비우도록 할 뿐만 아니라, 하나

---

63   Ibid., x, 5, 37.

64   Ibid., 31. 고린도후서 12장 9절에서 바울은 이렇게 말한다. "그러나 주께서는 '내 은혜가 네게 족하다. 내 능력은 약한 데에서 완전하게 된다' 하고 말씀하셨습니다. 그러므로 그리스도의 능력이 내게 머무르게 하려고, 나는 더욱더 기쁜 마음으로 내 약점들을 자랑하려고 합니다"(새번역).

65   Ibid., 4. 코클리는 그리스도의 케노시스 희생과 복종이 그의 신성을 약화시키지 않는다고 말한다. 즉 "예수의 인간적 한계들은 그의 신성의 축소로 나타났다기보다는 그의 신성의 긍정적 표현으로서 나타났다"는 것이다. Ibid., 23.

66   Ibid., 25.

님의 힘의-북돋움에 의지하여 전혀 다른 종류의 힘으로 가부장적 질서에 저항하게 한다. '취약성과 힘의 역설'에 기반한 코클리의 케노시스론은 어떠한 위계적, 폭력적 힘에도 의지하지 않으면서 가부장적이고 남성 중심적 이데올로기를 해체하는 참된 힘을 나타낸다.

코클리에 따르면, "그리스도 케노시스의 '영적' 확장은 … 어떠한 미묘함(subtlety)에 대한 금욕적인 헌신, 그리고 하나님께 자신을 내어 드리고 하나님께 응답하는 규칙적이고 의지적인 연습을 포함한다."[67] 이러한 맥락에서 그녀는 "'자아'(self)의 확장을 수반하는" "관상기도"의 중요성을 역설한다.[68]

관상기도(contemplation)는 우리로 하여금 취약성-안에-있는-힘의 삼위일체적 모델과 함께 있도록 한다. 관상기도는 하나님의 행동을 향한 의지적 '취약성'의 행위다. 이 속에서 우리는 하나님의 욕망의 설득(prompting)과 더불어 행동하게 된다. 어떠한 강압도 없다. 실제로 강압과 분노는 관상기도라는 미묘한 행위를 완

---

[67]   Ibid., 34.

[68]   Sarah Coakley, *God, Sexuality and the Self: An Essay 'On the Trinity'* (Cambridge: Cambridge University Press, 2013), 342. 강조는 원저자의 것. 제니스 맥랜달에 따르면, "그리스도교 기도에 대한 근대 이전 전통의 공통된 주제 중 하나는 조용한 담론에 대한 요구다." 이러한 점에서 코클리가 강조하는 관상기도 역시 넓은 의미에서 근대 이전의 전통 또는 교부 전통의 영향 아래 있다고 말할 수 있다. Janice McRandal, *Christian Doctrine and the Grammar of Difference: A Contribution to Feminist Systematic Theology* (Minneapolis: Fortress Press, 2015), 120.

전히 파괴해 버린다. 관상기도는 그리스도–동형적(Christomor-phic) 모습을 한결같이 추구하고 구하는 재귀적인(reflexive) 하나님의 사랑을 향해 의지적으로 나아가게 한다. 이는 하나님의 힘을 '강압'(force)이 아니라 그리스도적 형상(Christo-form)의 '권위'(authority)로 나타나게 한다.[69]

코클리는 관상기도 속에서 세속적 권력과 가부장적 특권을 누리고자 하는 우리의 욕망을 내려놓을 때 우리 자신의 본질적 취약성을 경험하게 된다고 말한다. 그녀에 따르면 하나님을 향한 기도 속에서 드러나는 취약성은 남성적 힘의 반대급부로 나타나는 세속의 취약성과는 뚜렷하게 구분된다. 그녀는 "'올바른' 취약성과 학대에 대한 단순한 유혹을, 이러한 관상적 '몰아'(self-effacement)와 자기파괴(self-destruction) 또는 자기억압(self-repression)을, 자기드러냄(self-disclosure)의 생산적 고난과 고통 자체를 목적으로 하는 분열적 고문(decentring torture)을" 구분하는 것이 중요하다고 역설한다.[70] 취약성의 참된 형식은 오직 침묵기도를 통해서만 식별된다. 그녀는 "'올바른' 케노시스는 그리스도교적 침묵기도에 대한 분석 위에서, 그리고 '취약성' 또는 '몰아'라는 특별한 형식으로 특징지어진 활동 위에서 가능해진다"고 주장한다.[71]

---

69   Coakley, *God, Sexuality and the Self*, 343.

70   Coakley, *Powers and Submissions*, 36-37.

71   Ibid., 5.

관상기도라는 의지적 훈련은 "이전의 **모든** 확실성(certainties)과 독단성(dogmatisms)을 약화시킴"[72]으로써 "하나님이 하나님 되도록 하는 공간을 만든다."[73] 따라서, 관상기도의 중심에는 하나님의 임재에 대한 기다림이 있다. 다시 말해, "기도는 자기 자신의 문제에 몰두하는 분주한 환경 대신에, 오직 하나님만을 원하도록 한다."[74] 관상기도적 케노시스 훈련은 두렵고 고통스러운 것이다. 왜냐하면 하나님을 기다린다는 것은 그분 앞에서 자기 자신이 적나라하게 벌거벗겨지기를 결단하는 것이기 때문이다. 하지만 이러한 두려움과 고통에도 불구하고, 우리가 금욕의 침묵기도를 실천하게 되면, 우리는 "기대하지 않았던 '힘', 즉 분명한 무력함의 '힘'"을 만나게 된다.[75] 그리고 이 힘이 우리 자신을 '타율적 자아—자율적 자아'의 이분법을 넘어서는 '신율적 자아'로 변형시킨다. 그러므로 "이 훈련은 신비한 '그리스도적' 감각 안에 있는 심연의 변형이자 '힘의-북돋움'이다."[76]

하나님을 갈망하는 관상기도에서 비롯하는 취약성은 우리 자신의 개성이나 정체성을 제한하거나 약화시키지 않는다. 오히려 자

---

72   Ibid., 37. 강조는 원저자의 것.

73   Ibid., 34.

74   Sarah Coakley, "Prayer as Crucible: How My Mind Has Changed," *The Christian Century* 128/6 (2011), 36.

75   Sarah Coakley, *The New Asceticism: Sexuality, Gender and the Quest for God* (New York: Bloomsbury, 2015), 106.

76   Coakley, *Powers and Submissions*, 35.

신을 억압하는 모든 종류의 부정의에 맞서게 함으로써 자아를 확장시킨다. 코클리가 지적하는 것처럼, "하나님에 대한 복종과 하나님 앞에서의 침묵은 다른 종류의 복종이나 침묵과 달리 부정의와 학대에 대항하여 말하도록 힘을 불어넣는다. 이는 자유에 대한 억압이라기보다는 (하나님 안에 있는) 참된 자유의 근거다."[77] 그러므로 관상기도는 "하나님에 대한 근원적인 복종 안에 있는 기묘하고도 강력한 힘"이다.[78] 이러한 맥락에서 코클리는 금욕적인 침묵기도에서 비롯하는 하나님과의 신비스러운 만남과 하나님을 향한 자아의 근원적 변형을 "은총"이라고 부른다.

더욱이 코클리는 의지적인 관상기도의 훈련 속에서, 우리가 성령의 인도하심을 따라 하나님의 삼위일체적 삶으로 결합될 수 있다고 논증한다. 로마서 8장 26절의 증언처럼, "우리는 어떻게 기도해야 하는지 알지 못하지만, 성령께서 친히 이루 다 말할 수 없는 탄식으로 우리를 대신하여 간구하여 주신다." 코클리에 의하면, 성령의 인도를 따르는 관상기도는 삼위일체를 경험하는 가장 근원적인

---

77 Coakley, "Prayer as Crucible," 36.

78 Sarah Coakley, "Responses to My Critics," *Syndicate: A New Forum for Theology* 2/6 (2015), 75. 린 톤스타드(Linn Marie Tonstad)는 코클리의 관상기도에 대해 다음과 같이 말한다. "관상기도에서 비롯한 이러한 변형은 몸을 배제하는 영혼의 상승을 추구하지 않는다. 오히려 그것은 하나님과의 만남의 장소인 몸의 취약성과 '여성성'(femininity)을 향해 '아래로' 나아가도록 한다." Linn Marie Tonstad, "Sarah Coakley," in *Key Theological Thinkers: From Modern to Postmodern*, eds., Staale Johannes Kristiansen & Svein Rise (Burlington: Ashgate, 2013), 549.

방법이다. 즉 "기도와 예배 속에서 성령에 대한 집중은 삼위일체적 생각을 직접적으로 그것의 참된 모체(matrix)와 연결시킨다."[79] 삼위일체는 사변적 지성이나 교리적 체계를 통해서 설명되거나 파악될 수 없다. 그것은 오직 기도와 예배라는 수행적 참여를 통해서만 경험될 수 있다. 따라서 코클리 삼위일체론의 목적은 "셋이 하나이신 하느님의 신비를 교리적으로 이해시키거나 합리적으로 증명하는 데 있지 않"고, "우리에게 오신 절대자를 향한 사랑의 불씨를 우리 실존의 중심에 머금게 하는 데 있다"고 할 수 있다.[80] 특별히 로마서 8장은 깊은 기도를 통해서 우리가 어떻게 삼위일체 하나님을 향해 나아갈 수 있는지를 보여 준다. 로마서 나타난 바울 신학에 기대어 코클리는 다음과 같이 말한다. "자율적으로 기도하는 나는 존재하지 않는다. 다만 내 안에서 기도하시는 (성령) 하나님이 다양한 아픔을 통해 나를 '성자'의 새롭게 확장된 삶으로 이끎으로써 '성부'의 영원한 부름에 응답하신다."[81] 이와 같이 "성령을 통한 삼위일체의 신비로의 초대, 그리고 성부와 성자와 성령의 급진적 사랑 앞에 노출된 인간"이 코클리 삼위일체론의 핵심이라 할 수 있다.[82]

코클리에게 욕망(desire)은 "자아(selfhood)에 대한 집합적 범주(constellating category)이자 하나님을 향한 인간적 갈망(longing for)

79   Coakley, *God, Sexuality and the Self*, 104.

80   김진혁, "해설", 『십자가: 사랑과 배신이 빚어낸 드라마』, 120.

81   Coakley, *God, Sexuality and the Self*, 55-56.

82   김진혁, "해설", 118.

의 근절할 수 없는 뿌리"이다.[83] 이러한 욕망은 성령의 인도 속에서 이루어지는 관상기도를 통해서 정화되고 재구성된다. 즉 관상기도는 우리의 세속적이고 거짓된 욕망을 참된 '신적 욕망'(divine desire)으로 재정향시킨다. 코클리에 따르면, 신적 욕망은 "하나님의 창조세계에 대하여, 그리고 그 창조세계가 신적이고 삼위일체적인 삶으로 온전하고 황홀하게 참여하도록 하기 위하여 하나님 자신이 품은 열망적 사랑의 풍성함이다."[84] 관상기도 속에서 우리 자신을 '성령 하나님'께 복종시킴으로써, 그리고 우리의 이상적 모델이신 '성자 하나님'을 따름으로써, 우리는 우리 욕망들이 그것들의 최초의 근원이자 궁극적 만족이신 '성부 하나님'께로 재정향되는 것을 경험할 수 있다. 요컨대, "관상기도의 '불가능성' 속에서, 성령은 인간의 마음을 새로운 미래로 개방시키며, 신적 욕망은 인간의 욕망을 깨끗하게 재구성한다."[85]

코클리는 인간적 욕망이 신적 욕망으로 변형되는 과정 속에서 젠더 이분법이 역전된다고 주장한다. 여기서 젠더 이분법이 역전된다는 것은 젠더가 '소멸됨'(abolishment)을 뜻하기보다는 그것이 '불안정해짐'(destabilization)을 뜻한다.[86] 다시 말해, "젠더(체현된 차

---

83   Coakley, *God, Sexuality and the Self*, 26.

84   Ibid., 10.

85   Ibid., 59.

86   톤스타드에 따르면, 코클리의 신학에서, "젠더는 인간을 연합으로 이끄는 체현된 차이(embodied difference)로 정의된다. 젠더는, 비록 남성과 여성이 여전히 남아 있다 할지라도 이성애적 양성이라는 고정되고 타락한 이분법으로 제한될 필

이[embodied difference])는 없어지는 것이라기보다 변형되는 것이다."[87] 관상기도의 자기비움이 '젠더 유동성'(gender fluidity)을 이끌어 낸다는 코클리의 생각은 니사의 그레고리오스에게서 연유한다.[88] 코클리에 따르면, 그레고리오스가 창안한 "젠더 유동성의 금욕적 프로그램"은 위계적인 성역할을 고착화시키는 이분법적, 이원론적 젠더를 불안정하고 모호하게 만든다.[89] 그녀는 이렇게 말한다. "그레고리오스가 자신의 몸으로 행했던 '복종'은 젠더 이분법이 기묘하게 역전되는 '욕망'의 복종이며, 하나님에 의해서 변형되고 힘이 북돋우어진 가장 심층적 단계에서의 자아이다."[90] 코클리에 의하면, "관상기도의 훈련은 우리로 하여금 현재의 젠더 고정 관념을 넘어서게 하며, 역전시키게 한다."[91] 그러므로 '관상기도의 케노시스'(contemplative *kenōsis*)는 남성 중심주의에서 비롯한 자기성찰적 반작용도 아니고, 여성들만이 독점할 수 있는 우월적 특권도 아니다. 그것은 남성과 여성 모두에게 힘을 불어넣으며 그들을 동

요가 없다." Linn Marie Tonstad, *God and Difference: The Trinity, Sexuality, and the Transformation of Finitude* (New York: Routledge, 2016), 100.

[87] Sarah Coakley, "Is there a Future for Gender and Theology? On Gender, Contemplation, and the Systematic Task," *Svensk Teologisk Kvartalskrift* 85 (2009), 59.

[88] Coakley, *Powers and Submission*의 9장 "The Eschatological Body: Gender, Transformation and God"을 참고하라.

[89] Ibid., 153.

[90] Ibid., 167.

[91] Ibid., 37.

일하게 회복시킨다. 이처럼 코클리는 관상기도에 기반한 '힘과 취약성의 역설'을 통해, 여성의 회복과 성장에만 관심을 갖는 기존 페미니즘의 한계를 넘어서서 "남성과 여성 모두에게 타당한 영적 목표"[92]를 제시한다.[93]

IV. 나가는 말: 코클리 케노시스론의 페미니스트 신학적 의의

지금까지 살펴본 것처럼, 코클리는 남성 중심적, 가부장적 이데올로기의 산물로 여겨졌던 케노시스를 매우 독특한 방식으로 재해석함으로써, 케노시스에 담긴 다양하고 풍성한 페미니스트 신학적 함의를 살려 낸다. 결론적으로 코클리 케노시스론의 페미니스트 신학

---

92   Coakley, "Kenosis," 208.

93   이러한 코클리의 신학적 목표는 로즈마리 류터의 그것과 공명한다. 류터는 일반적으로 여신의 영성에서 행해지는 여성에 대한 재신화화나 여성 특성을 신성화하는 것을 강력히 거부한다. 왜냐하면 오히려 그것이 여성들의 실제적 삶을 왜곡하기 때문이다. 이러한 점에서 류터의 페미니즘은 인간 존재의 실제적 상태를 명백하게 보여 주는 것을 목표로 한다. 그래서 그녀의 신학적 목표는 남성과 여성 모두가 "온전한 인간성"(full humanity)을 회복하는 데 있다. 그녀에 따르면 "모든 인간이 남성과 여성으로서 온전하고 평등한 인간 본성과 인간성을 가지고 있다." Ruether, *Sexism and God-talk*, 13; 그녀의 다음의 말 역시 동일한 맥락에서 이해할 수 있다. "더럽혀진 인간 종의 반쪽으로서 여성은 지속적으로 확장되어서 포괄적인 인간성의 정의에 도달해야만 한다. 양쪽의 성을 포괄하는 것은 사회의 모든 계층과 인종을 포괄하는 것이다." Rosemary Radford Ruether, "Feminist Interpretation: A Method of Correlation," in *Feminist Interpretation of the Bible*, ed. Letty Russell (Philadelphia: Westminster, 1985), 116.

적 의의를 네 가지로 평가할 수 있다.

첫째, 코클리의 케노시스론은 페미니즘과의 양립 가능성을 논증한다. 그녀에게 케노시스는 여성들에게 유익한 자원일 뿐만 아니라, 페미니즘을 가능하게 하는 핵심 요소다.[94] 그래서 그녀는 케노시스 개념 자체를 가부장적 신학의 산물로 보고 이를 해체하고자 하는 일련의 페미니스트 신학자들에 반대한다. 물론, 그녀는 케노시스 담론이 여성을 지배하기 위한 수단으로 왜곡될 수 있다는 사실을 간과하지 않는다. 하지만 동시에 그리스도교 성서와 전통이 가리키는 케노시스의 참된 의미가 여성을 배제하지 않는다고 논증한다. 즉 케노시스가 남성과 여성 모두에게 공통의 영적 목표를 제공한다는 것이다. 이러한 맥락에서 코클리는 케노시스를 페미니스트 신학의 중요한 신학적 주제로서 끌어안는다.

둘째, 코클리의 케노시스론은 '힘'(power)과 '취약성'(vulnerability)의 이분법을 거부한다. 가부장적 신학의 틀 안에서 힘과 자율성은 남성적 속성으로, 취약성과 타율성은 여성적 속성으로 치부된다. 그녀는 케노시스를 여성 착취를 위한 수단으로 왜곡하는 기존의 신학뿐만 아니라 케노시스 자체를 가부장제의 산물로 보는 페미니스트 신학도 이러한 이분법에 기대어 있다고 지적한다. 남성을 힘으로, 여성을 힘의 결핍으로 규정해 버리는 이분법적 사고는 젠더에 대한 편견을 고착화시키며, 나아가 한쪽 성을 일방적으

---

94 Coakley, *Powers and Submissions*, 4.

로 소외시킨다. 코클리는 취약성을 힘과 반대되는 개념, 즉 '무력함'(powerlessness)으로 보지 않는다. 그녀에게 취약성은 여성을 대상화하거나 억압하는 개념이라기보다는 하나님에 대한 급진적 의존성, 그리고 사람과 사람 사이의 상호 의존성을 가리키는 개념이다.[95] 남성-여성, 취약성-힘의 이분법을 거부하는 코클리의 신학은 페미니스트 신학이 나아가야 할 방향을 가늠하게 한다.

셋째, 코클리의 케노시스론은 '케노시스적 인성'과 '비케노시스적 신성'을 연결함으로써 여성들에게 '힘의 원천'으로서의 하나님 이미지를 창조한다. 코클리에게 '자기를 비우시는 하나님'은 여성에게 적합하지 않은 이미지일 뿐만 아니라 심지어 위험한 이미지다. 무력하고 연약한 하나님은 여성의 무력함과 연약함을 합리화하고 정당화하기 때문이다. 그녀가 케노시스를 페미니즘의 관점에서 수용하는 이유는 여성에게 '힘의-북돋움'을 위한 영적 방법을 제안하기 위함이지 자기비움의 하나님이라는 새로운 신 이미지를 제공하기 위함은 아니다. 여성에게 보다 적절하고 유익한 하나님 이미지는 여성을 지속적으로 양육하고 지원하는 전능한 하나님이다. 이러한 점에서, 그녀의 케노시스론은 '힘에 대한 의지'를 드러낸다고 할 수 있다. 사실상 그녀는 '관상기도'를 '힘의 획득'을 위한 중요한 방법으로 차용한다. 물론 그녀가 추구하는 힘은 남성적, 가부장적 힘과는 전적으로 다른, "십자가와 부활이라는 모범(pattern)에 의지적

---

95   Coakley, "Kenosis," 208.

으로 참여하는" 힘이다.[96] 그러므로 케노시스/취약성의 형식은 폭력적, 억압적 힘을 모방하여 추구하기보다는 그것에 맞서 "예언자적 목소리를 내도록 용기를 북돋는다."[97]

넷째, 코클리의 케노시스론은 수행적, 실천적 차원을 강조한다. 그녀는 진정한 자기비움을 가능하게 하는 방법으로 '관상기도'를 제안한다. 그녀에 따르면, 오직 우리는 침묵 속에서 하나님 앞으로 나아갈 때 성령의 인도하심을 경험하게 되고, 비로소 우리가 움켜쥐고 있는 세속적 권력과 가부장적 특권을 내려놓게 된다. 성령의 인도를 따르는 관상기도는 케노시스를 경험하기 위한 가장 근원적인 방법이다. 코클리에게 케노시스는 사변적 논리나 교리적 정합성만으로 설명되는 것이 아니다. 관상기도라는 수행적 참여를 통해서만 케노시스는 온전히 파악될 수 있다. 그러므로 그녀의 케노시스론은 이론적 함의뿐만 아니라 실천적 함의도 내포한다. 코클리의 이러한 시도는 케노시스론을 탁상공론식의 이론을 넘어 실천 윤리로 확장하고자 하는 페미니스트 신학의 방법론과 일치한다.

---

96   Sarah Coakley, "Waiting for God," *The Christian Century* 120/13 (2003), 27.

97   Ibid.; cf. Coakley, *Powers and Submissions*, 35.

참고문헌

코클리 저작 (최근 발행일순)

Coakley, Sarah. "Response to My Critics in the *Journal of Pentecostal Theology*." *Journal of Pentecostal Theology* 26 (2017): 23-29.

_____. "Divine Hiddenness or Dark Intimacy? How John of the Cross Dissolves a Contemporary Philosophical Dilemma." In *Hidden Divinity and Religious Belief: New Perspectives*. Eds. Adam Green and Eleonore Stump, 229-245. Cambridge: Cambridge University Press, 2016.

_____. *The New Asceticism: Sexuality, Gender and the Quest for God*. New York: Bloomsbury Academic, 2015.

_____. "Responses to My Critics." *Syndicate: A New Forum for Theology* 2/6 (2015): 75-81.

_____. *The Cross and the Transformation of Desire: Meditations for Holy Week on the Drama of Love and Betrayal*. Cambridge: Grove Books Ltd., 2014. 정다운 옮김. 『십자가: 사랑과 배신이 빚어낸 드라마』. 서울: 비아, 2017.

_____. *God, Sexuality and the Self: An Essay 'On the Trinity'*. Cambridge: Cambridge University Press, 2013.

_____. "Beyond 'Belief': Liturgy and the Cognitive Apprehension of God." In *The Vocation of Theology Today: A Festschrift for David Ford*. Eds. Tome Greggs et al., 131-145. Eugene: Cascade Books, 2013.

_____. "Evolution, Cooperation, and Divine Providence." In *Evolution, Games, and God: The Principle of Cooperation*. Eds. Martin A. Nowak and Sarah Coakley, 375-386. Cambridge: Harvard University Press, 2013.

_____. "Prayer, Politics and the Trinity: Vying Models of Authority in Third-Fourth-Century-Debates on Prayer and 'Orthodoxy'." *Scottish Journal of Theology* 66 (2013): 379-399.

_____. *Sacrifice Regained: Reconsidering the Rationality of Religious Belief*. Cambridge: Cambridge University Press, 2012.

_____. "Gregory of Nyssa." In *The Spiritual Senses: Perceiving God in Western Christianity*. Eds. Paul L. Gavrilyuk and Sarah Coakley, 36-55. Cambridge: Cambridge University Press, 2012.

_____. "Introduction: Faith, Rationality, and the Passions." In *Faith, Rationality, and the Passions*. Ed. Sarah Coakley, 1-12. Malden: Blackwell, 2012.

_____. "Sacrifice Regained: Evolution, Cooperation and God." The Gifford Lectures. 2012. https://web.archive.org/web/20130514032332/ http://www.abdn.ac.uk/gifford/about/ (2021. 9. 13. 최종 접속).

_____. "In Defense of Sacrifice: Gender, Selfhood, and the Binding of Isaac." In *Feminism, Sexuality, and the Return of Religion*. Eds. Linda Martin Alcoff and John D. Caputo, 17-38. Bloomington: Indiana University Press, 2011.

_____. "Prayer as Crucible: How My Mind Has Changed." *The Christian Century* 128/6 (2011): 32-40.

_____. "Afterword: 'Relational Ontology,' Trinity, and Science." In *Trinity and an Entangled World: Relationality in Physical Science and Theology.* Ed. John Polkinghorne, 185-199. The Grand Rapids: Eerdmans, 2010.

_____. "Does Kenosis Rest on a Mistake? Three Kenotic Models in Patristic Exegesis." In *Exploring Kenotic Christology: The Self-Emptying of God.* Ed. C. Stephen Evans, 246-264. Vancouver: Regent College Publishing, 2010.

_____. "Providence and the Evolutionary Phenomenon of 'Cooperation': A Systematic Proposal." In *The Providence of God: Deus Habet Consilium.* Eds. Francesca Aran Murphy and Philip G. Ziegler, 179-193. London: T&T Clark, 2009.

_____. "'Mingling' in Gregory of Nyssa's Christology: A Reconsideration." In *Who is Jesus Christ for Us Today?: Pathways to Contemporary Christology.* Eds. Andreas Schuele and Günter Thomas, 72-84. Louisville: Westminster John Knox, 2009.

_____. "Brief Responses to My Interlocutors." *Svensk Teologisk Kvartalskrift* 85 (2009): 90-92.

_____. "Is there a Future for Gender and Theology?: On Gender, Contemplation, and the Systematic Task." *Svensk Teologisk Kvartalskrift* 85 (2009): 52-61.

_____. "Pain and Its Transformations: A Discussion." *Svensk Teologisk Kvartalskrift* 85 (2009): 81-84.

_____. "The Identity of the Risen Jesus: Finding Jesus Christ in the Poor." In *Seeking the Identity of Jesus: A Pilgrimage*. Eds. Beverly Roberts Gaventa and Richard B. Hays, 301-319. Grand Rapids: Eerdmans, 2008.

_____. "Why Gift? Gift, Gender and Trinitarian Relations in Milbank and Tanner." *Scottish Journal of Theology* 61/2 (2008): 224-235.

_____. "Feminism and Analytic Philosophy of Religion." In *The Oxford Handbook of Philosophy of Religion*. Ed. William J. Wainwright, 494-526. Oxford: Oxford University Press, 2007.

_____. "The Trinity and Gender Reconsidered." In *God's Life in Trinity*. Eds. Miroslav Volf and Michael Welker, 133-142. Minneapolis: Fortress, 2006.

_____. "Feminist Theology." In *Modern Christian Thought*. 2nded., 417-442. Minneapolis: Fortress Press, 2006.

_____. "Jail Break: Meditation as a Subversive Activity." *Christian Century* 121/13 (2004): 18-21.

_____. "The Woman at the Altar: Cosmological Disturbance or Gender Subversion?" *Anglican Theological Review* 86/1 (2004): 75-93.

_____. "Waiting for God." *The Christian Century* 120/13 (2003): 27.

_____. *Powers and Submissions: Spirituality, Philosophy and Gender*. Maiden: Blackwell, 2002.

_____. "What Does Chalcedon Solve and What Does It Not? Some Reflections on the Status and Meaning of the Chalcedonian 'Definition'."

In *The Incarnation: An Interdisciplinary Symposium on the Incarnation of the Son of God*. Eds. Stephen T. Davis, Daniel Kendall, S.J., and Gerald O'Collins, S.J., 143-163. Oxford: Oxford University Press, 2002.

_____. "Kenosis: Theological Meanings and Gender Connotations." In *The Work of Love: Creation as Kenosis*. Ed. John Polkinghorne, 192-210. Grand Rapids: Eerdmans, 2001. 「비움: 신학적 의미와 젠더적 함의」, 『케노시스 창조이론: 신은 어떻게 사랑으로 세상을 만드셨는가?』. 존 폴킹혼 엮음. 박동식 옮김. 319-360. 서울: 새물결플러스, 2015.

_____. "'Persons' in the 'Social' Doctrine of the Trinity: A Critique of Current Analytic Discussion." In *The Trinity: An Interdisciplinary Symposium on the Trinity*. Eds. Stephen T. Davis et al., 123-144. New York: Oxford University Press, 1999.

_____. "Living into the Mystery of the Holy Trinity: Trinity, Prayer, and Sexuality." *Anglican Theological Review* 80/2 (1998): 223-232.

_____. "Introduction: Religion and the Body." In *Religion and the Body*. Ed. Sarah Coakley, 1-14. Cambridge: Cambridge University Press, 1997.

_____. "Feminism." In *A Companion to Philosophy of Religion*. Eds. Philip L. Quinn and Charles Taliaferro, 601-606. Cambridge: Blackwell, 1997.

_____. "'Batter my heart...?' On Sexuality, Spirituality, and the Christian Doctrine of the Trinity." *Graven Images: A Journal of Culture, Law, and the Sacred* 2 (1995): 74-83.

_____. "Why Three? Some Further Reflections on the Origins of the Doctrine of the Trinity." In *The Making and Remaking of Christian Doctrine: Essays in Honour of Maurice Wiles*. Eds. Sarah Coakley and

David A. Pailin, 29–56. Oxford: Oxford University Press, 1993.

_____. "Mariology and 'Romantic Feminism': A Critique." In *Women's Voices: Essays in Contemporary Feminist Theology.* Ed. Teresa Elwes, 97–110. London: Marshall Pickering, 1992.

_____. "Charismatic Experience: Praying 'In the Spirit'." In *We Believe in the Holy Spirit: A Report by the Doctrine Commission of the General Synod of the Church of England.* Eds. Derek Allen et al. London: Church House Publishing, 1991.

_____. "Creaturehood before God: Male and Female." *Theology* 93 (1990): 343–354.

_____. "'Femininity' and the Holy Spirit?" In *Mirror to the Church: Reflections on Sexism.* Ed. Monica Furlong, 124–135. London: SPCK, 1988.

_____. "God as Trinity: An Approach through Prayer." In *We Believe in God: A Report by the Doctrine Commission of the General Synod of the Church of England.* Eds. John A. Baker et al. London: Church House Publishing, 1987.

_____. "Can God Be Experienced as Trinity?" *The Modern Churchman* 28 (1986): 11–23.

인터뷰

코클리, 새라·김진혁. 「세계 신학자와의 대담(3): 기도에서 발견한 기독교 신학의 미래」. 『기독교사상』 649 (2013): 164-183.

코클리, 새라·이승구. 「트뢸치주의의 여성신학자 세라 코크리(Sarah Coakley)와 의 대화」. 『현대 영국 신학자들과의 대담』. 이승구 편집, 506-529. 서울: 엠마오, 1992.

Coakley, Sarah and Shortt, Rupert. "Sarah Coakley: Fresh Paths in Systematic Theology." In *God's Advocates: Christian Thinker in Conversation.* 67-85. Grand Rapids: Eerdmans, 2005.

기타자료

강호숙. 「개혁교회 내 성차별적 설교에 대한 여성 신학적 고찰: 성차별적 설교의 정 의와 기준 마련 및 복음적 설교에 대한 여성 신학적 접근」. 『한국기독교신 학논총』 102 (2016): 301-326.

노왁, 마틴·하이필드, 로저. 허준석 옮김. 『초협력자: 세상을 지배하는 다섯 가지 협 력의 법칙』. 서울: 사이언스북스. 2012.

지젝, 슬라보예·밀뱅크, 존. 배성민·박치현 옮김. 『예수는 괴물이다』. 서울: 마티, 2013.

최유진. 「세라 코클리(Sarah Coakley)의 삼위일체론」. 『장신논단』 45 (2013): 119-145.

Abraham, Susan. "Praying the Trinity: Transforming Feminist Trinitarian Theologies." *Modern Theology* 30/4 (2014): 582-590.

Bordeianu, Radu. "Triadologie Totale: An Orthodox Reflection on Sarah Coakley's Spirit-Centered, Icongraphical Perspective." *Modern Theology* 30/4 (2014): 567-574

Castelo, Daniel. "Charisma and Apophasis: A Dialogue with Sarah Coakley's *God, Sexuality, and the Self.*" *Journal of Pentecostal Theology* 26 (2017): 10-15.

Chau, Carolyn A. "'What Could Possibly Be Given?': Towards an Exploration of Kenosis as Forgiveness—Continuing the Conversation between Coakley, Hampson, and Papanikolaou." *Modern Theology* 28/1 (2012): 1-24.

Daly, Mary. *Beyond God the Father*. Boston: Beacon Press, 1973. 황혜숙 옮김. 『하나님 아버지를 넘어서: 여성들의 해방 철학을 향하여』. 서울: 이화여자대학교출판부, 1996.

Dunn, James D. G. *Christology in the Making*. London: S.C.M Press, 1980.

Fiorenza, Elizabeth Schüssler. *Jesus: Miriam's Child, Sophia's Prophet: Critical Issues in Feminist Christology*. New York: Continuum, 1994.

Frascati-Lochhead, Marta. *Kenosis and Feminist Theology: The Challenge of Gianni Vattimo*. Albany: State University of New York Press, 1998.

Green, Chris E. W. "Prayer as Trinitarian and Transformative Event in Sarah Coakley's *God, Sexuality, and the Self.*" *Journal of Pentecostal Theology* 26 (2017): 16-22.

Groenhout, Ruth. "Kenosis and Feminist Theory." In *Exploring Kenotic Christology: The Self-Emptying of God*. Ed. C. Stephen Evans, 291-312.

Vancouver: Regent College Publishing, 2010.

Hampson, Daphne. "On Autonomy and Heteronomy." In *Swallowing a Fishbone? Feminist Theologians Debate Christianity*. Ed. Daphne Hampson, 1-16. London: Society for Promoting Christian Knowledge, 1996.

_____. *Theology and Feminism*. Oxford: Blackwell, 1990.

_____. "On Power and Gender." *Modern Theology* 4/3 (1988): 234-250.

Heen, Erik M. "Phil 2:6-11 and Resistance to local Timocratic Rule: *Isa theō* and the Cult of the Emperor in the East." In *Paul and the Roman Imperial Order*. Ed. Richard A. Horsley, 125-153. Harrisburg: Trinity Press International, 2004.

Kapic, Kelly M. and McCormack, Bruce L. *Mapping Modern Theology: A Thematic and Historical Introduction*. Grand Rapids: Baker Academic, 2012. 박찬호 옮김. 『현대신학 지형도: 조직신학 각 주제에 대한 현대적 개관』. 서울: 새물결플러스, 2016.

Kilby, Karen. "Perichoresis and Projection: Problems with Social Doctrines of the Trinity." *New Blackfriars* 81/957 (2000): 432-445.

Martin, Jennifer Newsome. "The 'Whence' and the 'Whither' of Balthasar's Gendered Theology: Rehabilitating Kenosis for Feminist Theology." *Modern Theology* 32/2 (2015): 211-234.

McRandal, Janice. *Christian Doctrine and the Grammar of Difference: A Contribution to Feminist Systematic Theology*. Minneapolis: Fortress Press, 2015.

_____. *Sarah Coakley and the Future of Systematic Theology*. Minneapolis: Fortress Press, 2016.

Mercedes, Anna. *Power For: Feminism and Christ's Self Giving*. New York: T&T Clark, 2011.

Moltmann, Jürgen. *History and the Triune God: Contributions to Trinitarian Theology*. Trans. John Bowden. New York: Crossroad, 1991. 이신건 옮김. 『삼위일체와 하나님의 역사: 삼위일체 신학을 위한 기여』. 서울: 대한기독교서회, 1998.

Papanikolaou, Aristotle. "Person, Kenosis and Abuse: Hans Urs von Balthasar and Feminist Theologies in Conversation." *Modern Theology* 19/1 (2003): 41-65.

Rees, Janice. "Sarah Coakley: Systematic Theology and the Future of Feminism." *Pacifica* 24 (2011): 300-314.

Ruether, Rosemary Radford. "Feminist Interpretation: A Method of Correlation." In *Feminist Interpretation of the Bible*. Ed. Letty Russell, 111-124. Philadelphia: Westminster, 1985.

_____. "Feminist Theology and Spirituality." In *Christian Feminism: Visions of a New Humanity*. Ed. Judith L. Weidman, 9-32. San Francisco: Harper & Row, 1984.

_____. *Sexism and God-Talk: Toward A Feminist Theology*. Boston: Beacon Press, 1983. 안상님 옮김. 『성차별과 신학』. 서울: 대한기독교출판사, 1985.

Stark, Rodney. *The Rise of Christianity: How the Obscure, Marginal Jesus Movement Became the Dominant Religious Force in the Western World in a Few Centuries*. New York: HarperCollins, 1996. 손현선 옮김. 『기독교의 발흥: 사회과학자의 시선으로 탐색한 초기 기독교 성장의 요인』. 서울: 좋은씨앗, 2016.

Stephenson, Christopher A. "Sarah Coakley's *Théologie Totale*: Starting with the Holy Spirit and/or Starting with Pneumatology?" *Journal of Pentecostal Theology* 26 (2017): 1-9.

Stewart, Hannah R. "Self-Emptying and Sacrifice: A Feminist Critique of Kenosis in Philippians 2." *Colloquium* 44/1 (2012): 102-110.

Talbert, Charles H. "The Problem of Pre-Existence in Philippians 2:6-11." *Journal of Biblical Literature* 86/2 (1967): 141-153.

Terrell, JoAnne Marie. "Our Mothers' Gardens: Rethinking Sacrifice." In *Cross Examinations: Readings on the Meaning of the Cross Today*. Ed. Marit Trelstad, 33-49. Minneapolis: Fortress Press, 2006.

Tonstad, Linn Marie. *God and Difference: The Trinity, Sexuality, and the Transformation of Finitude*. New York: Routledge, 2016.

_____. "Sarah Coakley." In *Key Theological Thinkers: From Modem to Postmodern*. Eds. Staale Johannes Kristiansen & Svein Rise, 547-557. Burlington: Ashgate, 2013.

Wiles, Maurice. "Some Reflections on the Origins of the Doctrine of the Trinity." *The Journal of Theological Studies* 8/1 (1957): 92-106.

Williams, Delores S. *Sisters in the Wilderness: The Challenge of Womanist God-Talk*. Maryknoll: Orbis, 1993.

인명 찾아보기